智读汇

连接更多书与书，书与人，人与人。

习惯陷阱

决定人生的关键较量

路璇　李余贵　著

中华工商联合出版社

图书在版编目（CIP）数据

习惯陷阱 / 路璇，李余贵著 . — 北京：中华工商联合出版社，2019.11

ISBN 978-7-5158-2601-1

Ⅰ . ①习… Ⅱ . ①路… ②李… Ⅲ . ①习惯性—能力培养—通俗读物 Ⅳ . ① B842.6-49

中国版本图书馆 CIP 数据核字（2019）第 221253 号

习惯陷阱

作　　者：路　璇　李余贵
出 品 人：李　梁
策划编辑：付德华
责任编辑：楼燕青
装帧设计：王桂花
责任审读：李　征
责任印制：迈致红
出版发行：中华工商联合出版社有限责任公司
印　　刷：北京毅峰迅捷印刷有限公司
版　　次：2020 年 12 月第 1 版
印　　次：2020 年 12 月第 1 次印刷
开　　本：880mm×1230mm　1/32
字　　数：190 千字
印　　张：8
书　　号：ISBN 978-7-5158-2601-1
定　　价：49.90 元

服务热线：010－58301130－0（前台）
销售热线：010－58301132（发行部）
010－58302977（网络部）
010－58302837（馆配部）
010－58302813（团购部）
地址邮编：北京市西城区西环广场 A 座
19－20 层，100044
http://www.chgslcbs.cn
投稿热线：010－58302907（总编室）
投稿邮箱：1621239583@qq.com

推荐序

我们先养成习惯，然后习惯塑造我们

我曾经养成过两个好习惯，一个是运动的习惯，一个是学习英语的习惯，这两个习惯让我受益终身。

2011 年，我心血来潮，离开工作了 10 年的天津，跑去苏州工作。当时，我住在苏州工业园的金鸡湖附近。不忍辜负如画的风景，我开始每天早起跑步。

为了激励自己坚持下去，我给自己定了个目标，从未长跑过的我，希望完成四个月后的杭州半程马拉松赛。

工欲善其事，必先利其器。在训练之前，我买了好几本有关跑步的书籍，包括《天生就会跑》《你也能跑马拉松》《当我谈跑步时我在谈什么》等，甚至还有一本西藏喇嘛写的《跑步禅》。除了寻找内在动力，也是为制订科学的训练计划做准备。

我还在网站上下载了几段跑步教学视频——“什么姿势最

健康”“跑前如何热身”“跑后如何放松”。

就这样，隔天一跑，一周有三个早晨，金鸡湖边会出现我的身影。四个月后，我顺利完成了杭州半程马拉松赛，21.0975公里，用时2小时零9分，对初跑者而言，这个成绩还可以。最重要的是，四个月间，因为方法科学，循序渐进，我从来没有遇到过膝盖和脚踝的伤病。

故技重施，我后来又跑下了北京和天津的两个全程马拉松。

除此之外，我曾经还自学过游泳，连续两年，每周两次，无论寒暑，下班后我就扎到游泳池里，一刻不停，来来往往，游上2000米，然后洗澡，浑身舒畅地回家。

我曾经还和同事们，每周三次，打了三年羽毛球。这些运动习惯，让我始终保持着良好的身体状态。如今，我已年过四十，身材还算不错。

还有就是学英语。大学时我学的是英语专业，本来该过专业八级的，但是大学期间啥都干了，就是没好好学习，毕业时，我连专业四级都没过。

直到在外企工作，眼看着那些有能力的主管，本来技术能力很强，但因为英文不行，没办法和总部沟通，死活晋升不到经理时，我才认识到英语的重要性。我开始每天学英语，最初是每天早上早到办公室，跑到楼梯间，大声朗读《中国日报》（*CHINA DAILY*）。

读了三年，网络资源越来越丰富，我就弄个 MP3，在一个叫“英语听力快车”的网站上，免费下载了“空中英语教室”和“空中美语教室”节目。

这两档节目，各类主题都有，一期是 30 分钟，特别适合在上下班路上听。我通常是一边听，一边跟读。

就这样，从 2000 年大学毕业，一直到 2014 年，除了偶尔间断，我连续学习了 14 年英语。后来，我的英文水平有了很大的提升，还可以用英文给外国人讲课了。

后来，我还翻译了包括《你的降落伞是什么颜色？》《自控力：和压力做朋友》等英文书，为我打造影响力，奠定了坚实的基础。

我们先培养习惯，然后习惯塑造我们。那些一点一滴、逐步养成的好习惯，短期内可能不会给我们带来正面影响。但就像投资潜力股一样,日积月累,时间到了,就会带来极大的回馈。

我特别开心，弟子路璇能写出一本关于习惯的书——《习惯陷阱》。

认识他已经快三年了，他给我最深的印象有两个。

第一是务实。尘世喧嚣，而他一直很踏实，不浮躁，做自己的工作，照顾自己的家人。如今，又不声不响地完成了自己的著作。

第二是博学。在我的众多弟子中，路璇的才华是出了名的。

在弟子群里，他经常出口成章，还擅长写古诗词。今天通读了他的这本书稿，让我对他的涉猎之广更感惊叹，书籍、电影、寓言、名言警句，信手拈来。

通读他的书稿后，起初我有一点奇怪。一本写习惯的书，路璇为何在如何戒掉坏习惯方面着墨甚多，却基本没写如何建立好习惯呢？直到读完他的后记，我才知道原因。他说："几年前，我在某平台上放了两门课程，一门是改掉坏习惯的，一门是养成好习惯的，课程都比较简单，都是免费的。几年下来，我发现了一个有意思的现象，学习改掉坏习惯课程的人数竟然是学习养成好习惯课程的6~7倍。"

原来如此。不过不破不立，书中提到的打破坏习惯的方法，同样适用于建立好习惯。

在外企干了16年出来创业，规律的工作状态被完全打破。那些曾经的，诸如运动、学习的好习惯，慢慢我都没有坚持下来。

反倒是因为压力太大，我染上了抽烟、喝酒等恶习。我计划用路璇这本书中讲到的方法，去尝试戒掉它们。

你愿意一起来吗？

毕竟，我们先养成习惯，然后习惯才会塑造我们。

培训师 畅销书作家 鹏门掌门人

王鹏程

自 序

这本书源于一场战争！

源于一场没有硝烟的战争！

而且是一场旷日持久、没完没了的战争！

战争的一方是我，而我的敌人就是我的儿子，小名豆豆。

说起我的敌人，他还是很厉害的——

曾经的记忆小神童，人送绰号“逆天豆”。

2015 年，第 24 届世界脑力锦标赛武汉城市赛儿童组总排名第二名，并以 9.8 秒的成绩打破了“快速扑克”项目的世界纪录。

2016 年，在黄石少儿春节晚会上，又以 3.764 秒创造出新的成绩，而那时的官方世界纪录还只是 20.44 秒。

后来，受邀在央视《挑战不可能》节目现场挑战“快速扑克”项目的世界纪录。当着几个导演的面，他用 0.331 秒就记住了一副牌（52 张，去掉大小王）。也就是说，在别人还没有把牌铺开的时候，他仅仅扫了一眼，就全都记住了。

虽然这不是正式比赛上的官方纪录，但这个速度太惊人了。当时，我没有听过世界上还有比这更快的纪录。而那时，官方的世界纪录是19秒记忆52张牌。那时的记忆界，根本没有人相信！

之前，许多和豆豆一同开始学习记忆的小伙伴们，他们的成绩基本在1～10分钟记忆一副牌。在这一点上，豆豆无疑是具有天赋的。

这就是我的敌人，也是让我非常骄傲的儿子。当然，抛开这些，在日常，他只有两个身份：对外，是一名学生；对内，是我的儿子。

在学习记忆的过程中，和他一起的还有另外两个小伙伴。一个女孩和一个男孩，年龄都比豆豆要大一些。在经过一年多的努力后，女孩成功地在世界脑力锦标赛上拿下了“世界记忆大师”的荣誉，而另一个男孩和我的儿子，却失败了。

从此，战争拉开了序幕……

也就是从那时起，这场关于习惯的战争，让我开始注意到了“习惯”这个词，并且开始了对它的探索之旅。

一开始学习记忆的时候，三个孩子一起找了一个老师，进行记忆训练。我们专门把三个孩子集中在一起，老师每天并不是时刻在现场，而是提前布置好每天的训练任务，让三个孩子自行训练。

而我，作为家长，在旁边陪着。

三个孩子的训练是非常紧张的，从早上八点一直要到晚上九点。世界脑力锦标赛规定的比赛项目有十项，每一项要取得好的成绩都不容易。每一个项目都必须反复地训练。虽然孩子从早到晚是坐着的，但实际上非常耗精神的。这时，在旁边坐着的我，就看到了三个孩子的不同。

女孩很认真，每一个训练都聚精会神地完成，然后记录下每一次的成绩，并在最后进行比较和分析。

豆豆相比较就没有那么专注了，训练几次后就会停下来，休息一下，玩一玩，然后在姐姐的召唤声中，又重新回到座位去进行下一轮训练。而且，豆豆的特点是在短时记忆上，所以，他的“快速扑克”项目成绩很好。但大量记忆则是他的短板，在“马拉松数字”这样的项目（要求一小时记忆一千个数字），他总是记了一段后就开始走神，结果当然是没记住。每天这样不断训练、不断失败，开始对他产生了影响，成绩不增反减。他对这些已经失去了兴趣，并感到厌烦。

在生活中，当我们遇到困难的时候，就会有一种畏难情绪或者挫败感。这种畏难情绪和挫败感会阻碍我们的行动，很多时候我们就是因为这种原因选择了放弃。所以，那时的豆豆就开始和我们提出不想去参加比赛了。

很明显，豆豆在快速记忆上，真的是天赋异禀。

但是，豆豆与那个女孩，后来的结果却截然不同。那个女孩拿下了记忆大师，但豆豆却停止了。

同样的环境，同样的时间，同样的事情，女孩坚持了，而豆豆却放弃了。这促使我开始思考。是什么让他们面对同样的事情，产生了不同的处理方式呢？

有时候，我们太高估天赋，以至于忽略了真正重要的因素。孩子的学习成长，或者对于成人来说，更宽泛意义上的"成功"主要由什么因素决定？很多人会将之归结为智商和天赋之类的不可变量。但就我看来，人格和习惯才是更为关键的因素。

我认为，天赋的差距是存在的，并且这种差距在学习中的作用也是存在的，豆豆能在学习不足三个月的时间就打破世界纪录，这是天赋的作用。但是，大多数人高估了这种天赋的重要性，不知道天赋也需要被驾驭。网上有句流行语是这样说的："以大多数人的努力程度，根本轮不到拼天赋。"可能有人会说，女孩的成功是因为她够努力。那么，问题来了。为什么同样是学习，有的人选择坚持努力，选择保持热情、继续拼搏，而有的人却选择松懈、选择放弃、选择逃避呢？

源于家长吗？显然没有一个父母会要求自己的孩子选择放弃。

现在有很多年轻人推崇稻盛和夫和他的书。稻盛和夫在

《干法》这本书里说：“工作最重要的目的在于通过工作来磨炼自己的心志、提高自己的人格。”我的一个师弟很赞同这句话：“红尘里才是修炼的地方。”著名的培训师王鹏程也说：“职场就是道场，工作就是修行。”

是的，这说得非常正确。但是，我这里有另外一个例子：

2018年，有一个收费站的员工出了名。因为收费站裁员了，她非常悲愤地说：“我都36岁了！除了收费，啥也不会。到这个岁数，学东西都学不了，也学不会了。我这下半辈子可怎么办呢？”

一个是36岁啥也学不会了，一个是86岁仍然在工作中不断修炼提高自己。为什么不一样呢？

为什么面对同一个环境，每个人的反应和解决方法会如此不同？

为什么有些人抱怨环境，有些人变得勤奋，有些人却选择开始学习，寻找新的解决办法？到底哪种方式才是正确的？

当时，我们一群师兄弟在讨论这个话题的时候，有人展示了稻盛和夫的一个成功方程式：

人生·工作的结果 = 思维方式（态度）x 努力（热情）x 能力

从这个公式来看，那个收费员的结果不是收费站造成的，而是她自己造成的。人类的任何行为都是有其心理动机的。现代社会的精神分析疗法就是建立在这样的理论基础之上的："人的一切行为、情感和思维，包括心理障碍的症状，都是由一个人从小形成的人格和习惯决定的，都是由一个人的童年经历和成长环境决定的。这种决定性的'塑型影响'和人格一旦形成和固定，就会自动地、本能地、悄悄地、不知不觉地、潜意识地、不由自主地、不受控制地、恒定地发挥作用。"

所以，史蒂芬·柯维说："习惯最重要的不是帮助人'实现成功'，而是强调'塑造性格'。"

这其中，人格的改变并不容易。人格的稳定性已经得到普遍证明：我们都在某种"套路"中生活，而且这些"套路"往往都是在早年便已经形成，影响着我们的一生。早在出生时，我们的人格特质就已经被部分决定了，一项针对同卵双胞胎的研究表明，大约 40% ~ 50% 的人格特质源于基因。

教育心理学在过去的五六十年一直在研究，到底什么因素对学习有最强的影响力？这里面，当然有许多潜在因素都在发挥影响，但我根据自己的观察，总结了最重要的三点：

第一个是人的个性特点；

第二个是学习态度；

第三个就是行为习惯。

第一个说的就是人格，第二个说的是思维模式，它深受人格的影响和控制。而习惯，却是后天的捷径，是可以更容易地通过主观改变去达成的因素。

所以，从那以后，我就和豆豆开始了旷日持久的习惯改造战争。

这本书，就是这场战争的经验总结。

目录 Contents

C O N T E N T S　C O N

Part 3

没有改不掉的坏习惯 / 87

NTS CONTENTS

PART 4

改变坏习惯的方法 / 145

C O N T E N T S

01

PART 1

你真的了解习惯吗？

播下一个行动，收获一种习惯；播下一种习惯，收获一种性格；播下一种性格，收获一种命运。

——威廉·詹姆士

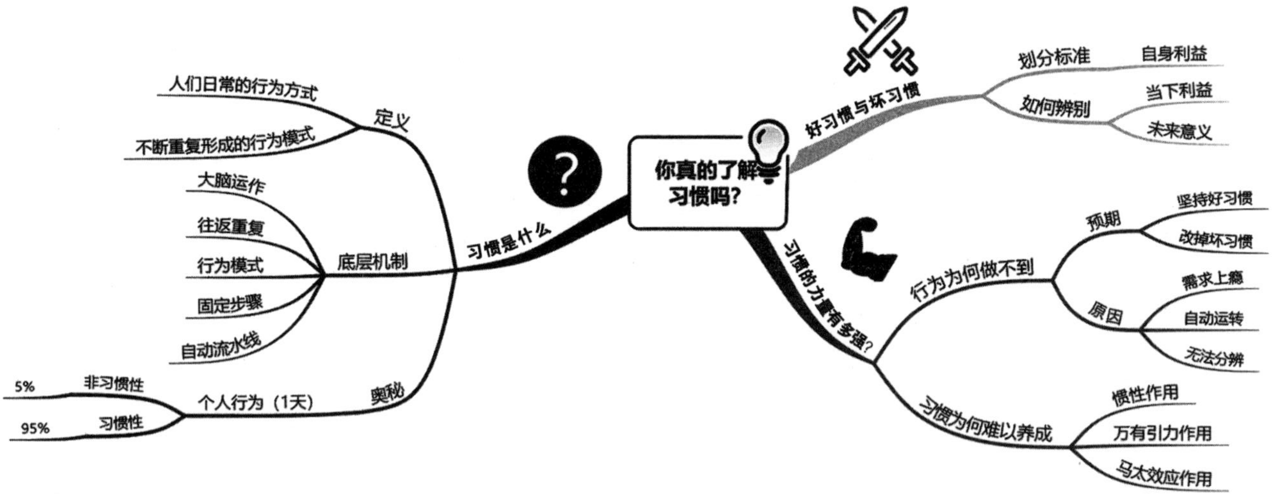
你真的了解习惯吗?
习惯是什么
定义
人们日常的行为方式
不断重复形成的行为模式
底层机制
大脑运作
往返重复
行为模式
固定步骤
自动流水线
奥秘
个人行为（1天）
非习惯性
5%
习惯性
95%
好习惯与坏习惯
划分标准
自身利益
如何辨别
当下利益
未来意义
习惯的力量有多强?
行为为何做不到
预期
坚持好习惯
改掉坏习惯
原因
需求上瘾
自动运转
无法分辨
习惯为何难以养成
惯性作用
万有引力作用
马太效应作用

习惯是什么?

习惯是人生的主宰，它一旦形成，便成为一种半自动化的潜意识行为，对人生、事业、生活起着永久性的作用。

——培根

在讲到习惯这件事情上，我们当然要先知道什么是习惯。习惯是指长时期里逐渐养成的、一时不容易改变的行为、倾向或社会风尚。

习惯是人们日常的行为方式，或是经由不断重复而形成的行为模式。也就是人们不假思索就做的事。由此，还产生了一个成语——“少成若性”，出自《大戴礼记·保傅》：“少成若性，习贯之为常。”意思是说，自幼形成的习惯就好像天性一样。

有这样一个寓言故事：

一位没有继承人的富豪死后将自己的一大笔遗产赠送给了远房的一个亲戚——一个常年靠乞讨为生的乞丐。这个乞丐立即摇身一变，成了百万富翁。新闻记者便来采访他：“你继承了遗产之后，你想做的第一件事是什么？”乞丐回答说：“我要买一只好一点的碗和一根结实的木棍，这样我以后出去讨饭时可以方便一些。”

可见，习惯对我们有着巨大的影响，因为它是一贯的，在不知不觉中，经年累月地影响着我们的行为，影响着我们的效率，左右着我们的成败。很多时候，在我们的大脑还没有做出思考和选择的时候，我们的习惯已经替我们做出选择并付诸了行动。

所以，古人说：“乍富不知新受用，乍贫难改旧家风。”

2008 年，25 岁的湖南小伙陈某在浙江绍兴打工。一次逛街的时候，他在街边随手买了两注福利彩票，没想到居然中了 1000 万元的大奖。

接下来，一夜暴富的他开始肆意挥霍：买房买车花掉了 120 多万元，做生意投了 300 万元，赌博一场至少亏几十万……

四年后的陈某身无分文。

为了维持生活，他抵押了房子，还向银行申请了一张额度为 20 万元的信用卡，在恶意透支了 19 万元之后，他就消失了。

为了躲债，陈某远走他乡，回到了当初给他带来幸运的浙江绍兴，他想在这里再试试运气，买几注彩票，看看能不能再中一次大奖。

可最终，等待他的是一副冰冷的手铐。他被警方抓住时，身上只剩下 80 元。

除了陈某，还有许许多多一夜暴富后走上歧途的人。根据美国金融教育基金会 2015 年的调查，大约 70% 的大奖得主会在中奖后 7 年内遭遇财务危机，生活质量下滑。

为什么会这样呢？前面说过，一个人的行为是受其人格和习惯支配的。人的天性是习闲成懒，习懒成病。所以，威达说：“习惯成自然是个魔术师。它对美丽的东西是残酷的，但是对丑陋的东西却是仁慈的。”在一夜暴富后，一个没有好的生活习性的人是根本不知道该怎么正确规划和使用金钱的。如果没有驾驭巨额财富的能力，意外之财就会对其生活产生更大的破坏力。这种现象在经济学上称为“财富诅咒”。没有自律的人在面对一大笔钱时，是无法抵御其诱惑的。而自律，则是一个人的良好习惯。所以，英国浪漫主义诗人华兹华斯才说：“习惯支配着那些不善于思考的人们，好习惯可以保证他们不成为坏人。”

但是，我们也知道，并不是每一个一夜暴富的人都会有如此厄运。也有很多拥有金钱实现美好人生的案例。“大多数走运的人都养成从最坏的结果考虑问题的习惯，谨防受到意外之灾的袭击，天天实行这个原则，严格地按此办事。”二十多年来，华尔街投资管理大师马克思·冈瑟分别观察了上千位总是走运的人和总是背运的人，他得出了这么一个结论——运气并非天生的，是可以调控的。

亚里士多德说：“人的行为总是一再重复。因此，卓越不是单一的举动，而是习惯。”除了对待金钱和地位的方式，在日常，很多人会把工作中的成长和发展，归结于智商和能力。其实,对于很多人来说,能力都是差不多的,并没有本质的差别。有数据证明,这个世界上大多数人的智商在85~115,区别不大。而真正决定两个人之间差距的，很多时候，是习惯。为什么别人总是做得比我快？为什么别人一年就能升职？为什么优秀员工的称号总是落不到自己身上？很多时候，你跟他们的差异，也许并不在于能力，而在于细节。而对细节是否关注并实施和完善，则来自习惯的支配。

那么，习惯到底是什么？

我们先来看看人类的大脑。人类的大脑有一个天然的缺陷：它的尺寸和容量是有限的。从30万年前智人出现至今，我们所需要处理的信息、面对的社会环境，复杂了不知多少倍，但我们的大脑体积却只增大了一倍多。不是我们不想让大脑变得更加“高大上”一些（好像很多科幻电影里的大头外星人那样），实际上从进化的角度来说，人类婴儿其实是早产儿。

正是因为进化赋予了我们一个越来越大的大脑，也正是因为这种不得已的早产策略，人类才拥有了一个非常重要的特性——人是尚未定型的动物。

其他动物在出生的时候基本上都已经定型了，和人一样是哺乳动物的牛马羊等动物一生下来就会行走、奔跑和觅食，它们几乎没有发展自我和超越自我的可能。而人类则不然，我们在出生的时候大脑还远远没有发育完全，正是因为这种生物学意义上的早产，给了我们人类极大的后天可塑性。“塞翁失马，焉知非福”，这可以说是人之所以为人的关键，也是人与其他动物的核心区别。

也就是说，我们必须通过后天的努力来创造所谓的自己。出生的时候，我们的大脑当中还存在着大量相互没有连接的神经元，我们可以把这部分大脑理解为一个空白的储存空间，等待着从后天的现实世界中获得的经验值来进行填补。我们最终会成为一个什么样的人，这些都是由我们后天的选择和行为来决定的。

大千世界，无所不有。为了应对出生后越来越复杂的环境，尺寸有限的人类大脑会怎么做呢？习惯因此被创造出来了。

大脑把一些已经一再重复、“习贯之为常”的行为模式组合在一起，固定好每一个步骤，建成一个自动化流水线。通过每一个固定不变的步骤来完成要做的事情，以此达到以较少的资源耗用启动复杂行为，实现高效快捷的目的，从而能把大脑中更多的资源，放到更重要的事情上面。

这一整套被固定的自动流水线，就是“习惯”。

这就是习惯的底层机制。

这套机制已经被当今生理实验所证实。

2005 年，麻省理工学院的神经科学家安・格雷比尔的团队发现，当习惯形成时，基底神经节会形成新的神经活动模式，一套自动流水线的组装完成；而当习惯消退时，这些模式也会发生变化，按照新的需要，将自动流水线进行改装或拆卸；如果重新习得同样的行为，这些脑内的连接会更快地形成。在旧有流水线组建的经验基础上，我们能更快地组建起新的自动流水线。这就是一套自动流水线的组装、运行、升级、废弃的过程。

安・格雷比尔设计了一个实验。他把小老鼠放进了迷宫中，在迷宫的出口放置食物作为奖赏，如果小老鼠能成功走出迷宫，就会得到食物。研究团队反复让小老鼠走同样的迷宫，并监测它的大脑，以期找出老鼠的大脑如何控制习惯的秘密。

他们发现：当小老鼠对迷宫的路线尚不熟悉时，大脑中一个叫作基底核的部位，其控制运动的神经元，在整个过程中都保持活跃。但当小老鼠习惯了迷宫路线，轻车熟路就能找到终点时，基底核的神经元只在最初和最终活跃，中间整个过程都保持平静。

这意味着什么呢？当小老鼠养成了习惯，大脑里面活跃的神经元就减少了，小老鼠就节省出了大部分的神经元，可以用来做别的事情。也就是说：当我们养成一个习惯时，我们的大脑，其实已经发生了变化。

有研究证明，在一个人一天的行为中，大约只有 5% 是属于非习惯性的，而剩下的 95% 的行为都是习惯性的。我们无需在乎这个具体的数值是不是这样，因为即便是打破常规的创新，最终也可以演变成习惯性的创新。我们无时无刻不在学会适应周围的环境，同时，周围的环境也在时时刻刻地影响着我们的大脑。

这就是习惯的奥秘！

所以，我们在实现成功的过程中，除了要不断激发自己的成功欲望，要有信心、热情、意志、毅力之外，还应该搭上习惯这一成功的快车，从而实现自己的目标。

好习惯与坏习惯

习惯不是最好的仆人，便是最坏的主人。

——爱默生

人人都知道，习惯有好有坏。

这让我想起小时候老师让我们“除四害”的故事。

我在上小学的时候，老师还给我们布置任务，每人要上交两条老鼠尾巴，证明自己家抓了两只老鼠。这也成为我儿时的乐趣之一。

后来，老师还教我们什么是害虫、什么是益虫，当时老师并没有给我们怎么解释，只是简单地告诉我们蟑螂、苍蝇是害虫，勤劳的小蜜蜂是益虫。

长大了，我才知道，大自然中的万物生长保持着一个微妙的平衡。所谓的益虫和害虫，不过是人类根据一些动物对人自身的影响，主观地把它们分为益、害两大类。害虫就是在人类生活中，对人类的衣食住行及健康等方面造成危害的昆虫，通过危害经济、动植物和传播疾病给人类造成重大损失。

昆虫给人类带来的不只是灾难与威胁，它们对人类还有很多益处。这些带来好处的昆虫，我们自然就称其为“益虫”了。益虫给人类经济和生活中的很多方面带来好处。

所以，所谓的害虫、益虫，纯粹是从人类的自身利益来划分的。同样，习惯也是如此。

好的习惯和坏的习惯带给我们的利益是不同的。一个习惯的好与坏是怎么辨别的呢？很简单，就是当一个习惯它满足以下这两个因素的时候，就是一个好的习惯。所谓的好习惯就是它不仅仅当下能给你带来快乐、满足和好处，而且，未来它还有意义，或者在远期还能给你带来回报，这样的习惯才是好习惯。

也就是说，一个习惯如果能同时带给我们当下和未来的利益，那它就是一个好习惯；如果只能满足我们当下的需求，却于未来无益，还可能给我们带来坏处，那这样的习惯就是坏习惯。

有这么一个故事：

有两位堂兄弟住在意大利的一个村子里，他们一个叫柏波罗，另一个叫布鲁诺。两位年轻人从小就是要好的朋友。他们都有雄心勃勃的梦想，想要获得更美好的生活。

有一天，机会来了。村里决定要雇两个人把附近河里的水运到村广场的蓄水池里去。村长把这份工作交给了柏波罗和布鲁诺。

两个人各抓起两只水桶奔向河边，开始了他们辛勤的工作。到傍晚时，他们就把村广场的蓄水池装满了。村长按每桶水一分钱付钱给他们。“我们的梦想终于实现了！”布鲁诺大喊着，“我简直不敢相信我们的好运气。”但柏波罗却不是这样想的。他的背又酸又痛，用来提水桶的手也起了泡。他害怕每天早上起来都要去做同样的工作。于是，他发誓要想出更好的办法来将河里的水运到村里去。

柏波罗想到了一个办法，他对布鲁诺说：“与其每天这样辛苦地来回提水，不如我们修一条管道，将水从河里引进村子里去。”

“一条管道？谁听说过这样的事？”布鲁诺大声地嚷道，“柏波罗，我们拥有一份很棒的工作。我一天可以提100桶水。按一分钱一桶水的话，一天就是1元钱！我已经是富人了！一个星期后，我就可以买一双新鞋；一个月后，我就可以买一头牛；六个月后，我还可以盖一间新房子。我们有全镇最好的工作。我们这辈子都不用愁了！放弃你的管道幻想吧！”

但柏波罗不是个容易气馁的人，他耐心地向他最好的朋友解释这个计划。可惜的是，他并不能改变布鲁诺的想法。于是，柏波罗决定自己一个人实现这个计划，他将白天一部分的时间用来提桶运水，用另一部分时间以及周末的时间来建造他的管道。柏波罗坚信他的梦想会实现，于是，他全力以赴地去做了。

当布鲁诺每天打完水回到家，晚上和周末睡在吊床上悠然自得时，柏波罗还在继续挖他的管道。头几个月里，柏波罗的努力并没有多大的进展。

布鲁诺和其他村民开始嘲笑柏波罗，称他为“管道人柏波罗”。布鲁诺赚到了比柏波罗多一倍的钱，他开始炫耀自己新买的东西。他买了一头驴，给驴配上了全新的皮鞍，把驴拴在他新盖的二层楼房旁。

但柏波罗不断地提醒自己，实现明天的梦想是建立在今天的牺牲上的。时间一天天地过去了，他继续挖着他的管道。

“短期的痛苦会带来长期的回报。”每天，当筋疲力尽的柏波罗跌跌撞撞地回到他那简陋的小屋时，他总是这样提醒自己。他通过设定每天的目标来衡量自己的工作成效。他就这样一直坚持着，因为他知道，终有一天，回报将大大超过此时的付出。每当他入睡前，耳边尽是酒馆中村民的嘲笑声时，他一遍又一遍地重复这句话：“目光要牢牢地盯在回报上。”

最后，柏波罗的重大时刻终于来到了——管道完工了！村民们簇拥着来看水从管道中流到水槽里！现在村子里有源源不断的新鲜水了，而附近其他村子里的人也都纷纷搬到这个村子里来了，于是，这个村子就发展和繁荣起来了。此时的柏波罗再也不用提水桶了。无论他是否工作，水都一直源源不断地流入。他吃饭时，水在流入；他睡觉时，水在流入；当他周末出去玩时，水还在流入。流入村子的水越多，流入柏波罗口袋里的钱也就越多。

这是一个著名的有关财富的故事。它告诉我们如何摆脱时间换金钱的陷阱，如何获得真正的财富，实现真正的财富自由。在这个故事里，布鲁诺只沉迷于当下的那一分钱一桶水的利益，而柏波罗却能考虑到今后长远的回报，而换了另外一种方式去打水。

其实，习惯也是如此。无论是坏习惯还是好习惯，或许当下都能给我们带来好处，甚至好习惯有可能在当下会让我们更辛苦、更麻烦、更痛苦。就好像柏波罗在每天打完水的时候还必须去辛辛苦苦地挖管道一样。但是，随着时间的推移，好习惯带给我们的好处会变得越来越大。当你的好习惯最终形成的时候，你将无须付出，但好处会依旧源源不断地回报你。

因为豆豆学习记忆的原因，我后来也成了一名记忆力教练，教授别人学习记忆力。在众多来学习记忆力的学生当中，有相当一部分人是想学习如何快速地记忆英语单词的。用记忆法来记单词和普通的死记硬背是完全不同的，它需要将一个个英语单词进行分解，根据单词的特点，编成一个个故事，用生动形象的故事来帮助自己记忆单词。

问题就出在这里。一个人用死记硬背的方式，一分钟就能背下 1 ~ 5 个单词。而用记忆法，因为需要思考怎么编故事，还要反复思考、完善、回忆故事的内容。因此，在刚开始的时候，用记忆法记英语单词是很慢的。往往用死记硬背的学生记了几十个单词，而用记忆法的学生才记住了几个。这正如布鲁诺在刚开始时能赚到比柏波罗多一倍的钱一样。于是，大多数学生在学习了几天、一周或者半个月的记忆法后，纷纷选择放弃，再次改用死记硬背的方式来记忆单词。有的孩子还会对家长说，记忆法根本没用，记起来麻烦死了，一点儿都不好。实际上，当学生真正掌握了记忆法并能熟练地运用以后，事情就会反转过来了。运用了记忆法的学生只要看一眼某个单词，大脑中便会立即出现一个故事，好的学生一天记住成百上千的单词轻而易举，并且不容易遗忘。曾经有个研究生为了博士考试找到我，不到一个月，他就记住了 7000 个单词。考试，他当然是轻松过关了！

看，这就是好习惯和坏习惯带给我们的不同。这也就是为什么我不主张大家看太多电视，不主张大家刷太多微信，不主张大家打太多的游戏，不主张大家去赌博、抽烟等。因为所有的这些活动只满足了前面说的“当下的愉悦”，就是当前能给你快乐，但未来一点儿好处都没有，甚至还有坏处。所以，这样的习惯养成不得。在做任何事情时，你都要用这两个因素去衡量一下：它是不是当下给你带来了快乐？另外，这件事情以后是不是还有长期的好回报？如果只满足了一点，你将来一定不会感觉到幸福。比如，当你去打了一场酣畅淋漓的篮球，即便你的身体是疲惫的，但你的情绪一定是愉悦的。因为这件事当下给你带来了快乐，另外，你知道锻炼身体对你的未来有意义。但是，你打了一天游戏或者看了10集韩剧，一般来说，过一段时间之后，你都会感到后悔，你会恨自己，为什么把时间浪费在这件事情上？为什么？就是因为这些事情只满足了当前的快乐，而对未来没有意义。这是一个简单的判断标准：就是你做的事情是不是当前快乐，未来同时也有意义？如果同时具有，那么，它会让你的未来越来越好。

著名的教育家乌申斯基说：“良好的习惯乃是人在其神经系统中存放的资本，这个资本不断地在增值，而人在其整个一生中享受着它的利息。”而坏习惯则是“道德上无法偿清的债务，这种债务能够用不断增长的利息去折磨人，去麻痹他的最好创举，并使他达到道德破产的地步”。可见，克服坏的习惯，养成好的习惯，不仅会使你的生活更有意义和价值，而且会使你终身受益。

值得庆幸的是，好习惯是可以养成的，而坏习惯也可以通过坚持不懈的努力来克服。所以，请你试着改变习惯，从而改变人生。一开始可能会很难，如同用记忆法记单词一样很慢很麻烦，但勤奋和耐心会为你铺就成功之路。不能养成好习惯的原因之一，是我们生活在急功近利的大环境里，总想着要马上得到一切，却不知道要为此付出努力。实际上，只有那些坚持不懈、永不放弃的人，才能养成好习惯。

习惯的力量有多强？

习惯比天性更顽固。

——昆图斯

说到这里，可能会有人把书一扔："哼，又是一番说教。"有的人可能会大喊："啊，臣妾做不到呀！"

我有一个关于成长的微信群。有一天，群里的一个伙伴推荐了一本书《4 点起床》。于是乎，群里的伙伴们群情激奋，说起了"早睡早起"这个话题。早睡早起的好处我就不说了，总之，大家相约一起在早上 4 点钟起床，互相比赛能坚持多长时间。

有人问，4 点起床，那要几点睡呀？

有人问，4 点起床，应该如何计划？或者搞个什么仪式？

下面的对话挺有意思的：

A：“4点起床，太厉害了，怎么做到的？”

B：“很简单呀，9点睡就行了。”

A：“臣妾做不到啊！”

B：“哦，那就8点睡好啦！”

A：“臣妾做不到啊！！！”

B：“哦，你是怎么做到凌晨3点睡觉，早上7点起床的？我也做不到呀！”

是的，很多时候，我们知道某个习惯它是好的，对我们有益处；或者，我们知道自己的某个习惯不好，会给我们带来坏处。人人都渴望拥有好习惯，消除坏习惯。但是，注意这个“但是”，我们做不到啊！我们对自身已经形成的习惯常常是无可奈何、无力改变。

为什么？

习惯是这样产生的：一个烟民看到一包香烟，那么，他的大脑就会开始预期尼古丁的味道，单是看到香烟就足够让他的大脑产生对尼古丁渴求的冲动。如果没抽到烟，这种渴求就会一直增长，直到烟民不经思考就拿起香烟为止。

当你的智能手机在收到新信息时震动，你的大脑就会开始预期打开微信。如果这种预期未能得到满足，那么它就会变强，直到你查看手机为止，即便你知道这可能不是什么重要信息，只是一个普通的笑话而已，但你依然会去查看，以满足大脑的预期。

科学家研究了酗酒者、烟民、暴饮暴食者的大脑，发现那些习惯特别强时会让人出现上瘾一样的反应，于是“需求变成了让人沉溺其中的渴求”，这种变化让大脑进入了自动运转的状态，甚至在丧失名誉、丢掉工作、无家可归和失去家人这样很强的抑制因素面前也无法停止。

麻省理工学院的科学家安·格雷比尔主持了很多大脑基底核实验。她说：“我们做过实验，训练老鼠一直走迷宫，直到这变成一种习惯。然后我们通过改变奖品的位置来消灭这种习惯。之后有一天，我们把奖品放回老地方，再把老鼠放进去。天呐，老鼠的老习惯又立刻出现了。习惯从来都不会消失，它们已经被嵌入了大脑的结构中，而这对我们来说是莫大的优势，因为如果我们每次放完假后都要重新学习如何开车，那可就太糟糕了。问题是你的大脑无法分辨好习惯和坏习惯，所以如果你有一个习惯，那么这个习惯会一直蛰伏在你的大脑内。”

豆豆曾经就有个这样的习惯。在他的母亲带他去吃过几次夜宵后，他发现这是一个难得的不用写作业而可以放松的好时机。于是，每到晚上 9 点的时候，他就开始喊饿。于是，我们就开始给他做吃的。后来我发现，每当快到夜宵时间，他就开始坐立不安，用一句歌词里的话说，就开始“屁股扭扭，脖子扭扭”。随后，他就开始站起来喊饿，缠着妈妈给他做夜宵。其实他每次晚餐都吃得不少，但依旧如此。习惯就是这样，当时间到达那个时刻的时候，大脑就会开始预期这种行为，甚至你不觉得饿，你也会有这种预期，因为我们的大脑有渴求。

我们很多人都有这样的经验，每当下班时间快到的时候，即便我有事还需要继续做，但是突然间，我很难抵御这种想走的冲动。如果放下事情，起身离开，我就会出现愉悦感。这说起来有些丢脸，但习惯就是这样工作的。

现在有个非常流行的说法——养成一个习惯需要坚持21天。我查了一下，这个说法源自美国整容医生麦克斯威尔·马尔茨写的一本书《心理控制术》。书里面写到，马尔茨通过观察发现，整容后的人需要21天来适应他们的新面貌，而截肢病人出现的“幻肢”体验往往也需要21天才能消退。实际上，书里面记录的例子只是说明病人用了多长时间习惯了某种变化，并非养成一个习惯。这个概念在传递的过程中被曲解了，最后就出现了“养成一个习惯需要21天”的说法，并广为流传。

实际上，21天很难让人养成一个习惯，因为旧的习惯实在是太固执了。

伦敦大学学院的健康心理学家费莉帕·勒理及其同事就进行过相关的实验。他们招募了96名对养成新习惯感兴趣的参与者，让他们每天重复一项与健康相关的活动，持续84天，看看有多少人可以形成习惯。

参与者每天登陆一个网站，报告他们前一天是否完成了任务，并填写一份测量行为的自动化量表，量表会让参与者选择他们完成任务的心理状况，比如我想都不想就去做了；我鼓励了一下自己再去做；不情愿，硬逼着自己去做……

最后的实验结果因人和选择养成的习惯而异。用时最短的参与者只用 18 天就养成了习惯（量表上选择想都不想就去做了的选项），用时最长的参与者直到第 84 天都没有成功养成习惯。然后他们找来统计学的教授帮忙根据前 84 天的数据算了算那些未能形成习惯的人还需要多少天才能形成习惯，用时最久的居然还要坚持 170 天才能养成习惯。

统计学教授还顺手算了算养成习惯所需要的平均天数是 66 天。但这个 66 天也不是最准确的答案。因为在勒理的实验中，参与者选择养成的习惯都是与健康相关的小习惯，比如说早餐后散步和每天坚持喝 8 杯水之类，就连这类小习惯有人都要 254 天才能形成习惯。可想而知，如果你是想养成一些更加有益、更加需要毅力去坚持的习惯，那绝对不是 66 天就能搞定的。养成习惯这件事，远比我们想象中要难。

那是什么原因使习惯这样难以养成呢？

1. 惯性作用

在物理学中，关于惯性的定义是这么说的——物体保持静止状态或匀速直线运动状态的性质，称为惯性。惯性是物体的一种固有属性,表现为物体对其运动状态变化的一种阻抗程度。物体的惯性，在任何时候（受外力作用或不受外力作用），任何情况下（静止或运动），都不会改变，更不会消失。惯性是物质自身的一种属性。它是物质固有的属性，是一种抵抗的现象，它存在于每一个物体当中，并尽量使其保持现有的状态。也就是说，物体一旦处于某种状态下，那么，它将尽可能地保持这种状态。

我们人也是如此。大部分人都习惯于当前状态。当我们有了某种习惯并对该习惯习以为常后，我们的大脑就会将这种习惯深深地固定在脑海中，如同社会中的法规，在进行了长期的施行后，一旦法规正式颁布了，再进行修改和变化时，就很难改变了。那需要很多的步骤，经过多个部门机构层层审核。有的要经过数年甚至数十年才能变更。大脑里固化了的习惯也是如此，一旦形成了习惯，再想改变，在惯性的作用下，大脑会对任何有关该习惯的改变做出抵抗。

更糟糕的是，人的天性是好逸恶劳的。改变坏习惯远比养成好习惯要困难得多。现在很多人不都没事的时候拿着个手机，晚上睡前拿着个手机，早上醒来时还是拿着个手机吗？睡眠不足，饮食也不足，好习惯都没有，更不要说进取心了。这种生活习性，就像一颗毒瘤一样，吸附在你的身上，慢慢长大，根越扎越深。

2. 万有引力的作用

万有引力是牛顿发现的，苹果从树上掉下来很容易，但是，如果让苹果从地上再回到树上，则需要人费力气拿上去。在物理学上有做功这一说：一个物体从低处运动到高处，为了克服万有引力，就得做功。要想改变坏习惯，养成好习惯，同样需要"做功"。坏习惯都是在"舒适"的环境中养成的，还是那句话——人的天性是好逸恶劳的。要和人的天性对抗，本就是一件困难的事，你需要做更多的"功"。

几年前，为了发财，我开始学习理财。理财最重要的就四个字——开源节流。而任何一本书、任何一个理财师、任何一个理财课说到节流，都会说到记账。那好吧，从那时起，我开始了自己的记账之路。每天坚持记录每一笔收入支出，哪怕是一分钱的消费，我也一定会记下来。就这样，我坚持了几年。

突然有一天，我觉得这么记很累。再后来，坚持了几年的习惯就没有了。"悄悄的我走了，正如我悄悄的来；我挥一挥衣袖，不带走一片云彩。"之后的一段时间，即便有时我想记一下，但一想到已经有一段时间没记，后面再记也没意思了，想想还是算了吧……

图 1-1　坚持记账习惯的天数

3. 马太效应作用

马太效应是社会学家和经济学家们常用的术语，它指的是强者愈强、弱者愈弱的现象，广泛应用于社会心理学、教育、金融以及科学领域。马太这个名字来自圣经《新约 · 马太福音》中的一则寓言："凡有的，还要加倍给他叫他多余；没有的，连他所有的也要夺过来。"美国科学史研究者罗伯特 · 莫顿归纳"马太效应"为：任何个体、群体或地区，在某一个方面（如金钱、名誉、地位等）获得成功和进步，就会产生一种积累优势，就会有更多的机会取得更大的成功和进步。习惯也是如此，一个在大脑中已经养成的习惯作用在人身上，随着时间的增长，它起到的作用是在不断地递增的。如果是好的习惯，它给你带来的好处是在不断增长的，一个好习惯可以随之带来另一个好习惯；而如果是坏的习惯，则对你带来的害处也是在不断地增加，并且是时间越长，增长的幅度就越大，并最终会带来一连串的连锁反应，让其他的坏习惯也接踵而至。

正所谓优秀的人会越来越优秀，而平庸的人会越来越平庸。优秀的人大多都很努力，而努力又让他们变得更优秀。反过来，得过且过的人碌碌无为，平庸又让他们更加得过且过。马太效应揭示了这个世界真实而残酷的一面：任何群体、个体或地区，一旦在某一方面获得成功或进步，产生积累优势，就有更多的机会获得更大的成功和进步。也就是说，成功是有倍增效应的。

我身边的两个朋友就是活生生的例子。

小A在小学的时候失去了父亲，母亲苦苦支撑着家庭，无暇顾及其他。缺少爱和管教的小A在初中开始，便逐渐放弃了自己，高考名落孙山，不得已进入了保险公司，做起了保险销售。干了几年，他觉得销售是伺候人的事，太累，又辞职不干，选择南下去闯荡。两年前，当我再次见到他时，才知道他十余年来一直在东奔西走，做过各种工作，打过工、干过微商、开过小店铺，40 岁的人还不得不为每日的饭食而发愁。最近听说，他迷上了赌博，一晚上就把家里的房子输掉了，没钱还债，被追债的人打断了两根肋骨，不得不跑路了。

小 H 和小 A 的遭遇有些类似，初中的时候也失去了父亲。不同的是，为了让母亲少操心，他反而在学习上更加努力，顺利地通过高考上了大学，后来进入一家保险公司。刚开始也是从销售做起，但他很拼，学得也快，不到两年时间，小 H 就从技能比试中脱颖而出，调入了集团公司。前年我去北京的时候，他请我吃了顿饭。那时的他已经是集团总公司的中层，落户北京，安家立业了。

我老婆是小学教师，她在日常的教学中就有深刻的体会。从小学一年级开始，她会把一个班的几十个小朋友一直带到六年级。她告诉我，在小学的时候，最重要的事情就是培养孩子的习惯。在三年级之前把孩子的习惯培养好，以后无论是家长还是孩子，都会在孩子学习和成长的道路上越来越轻松。一个没有好习惯的孩子，即便在小学时期被家长严格管教得成绩不差，在进入初中后，随着学业的加重、青春期的叛逆、家长的无力辅导等一系列因素的作用，那时候坏习惯的害处也会显现出来。没有好习惯的孩子很难再跟上学习的步伐，最终导致不少孩子变成破罐子破摔，一蹶不振，再难有进步。

改掉第一个坏习惯，养成第一个好习惯，从而挖到人生中的第一桶金，是超越马太效应怪圈的前提。改变是一个非常痛苦的过程，但却是走向成功必要的阶段，如果你了解投资中复利的作用，你就会明白这一点。马太效应就好像地心引力，你获得成功的过程就好像宇宙飞船挣脱地心引力的过程，要想摆脱控制，就必须获得一定的加速度，而积累就可以借助复利的魔力实现这种加速度。胜利会增加你的资源，增加你再次获胜的可能性。

02

PART 2

人人都有坏习惯

也许最令人感到遗憾的就是这些坏习惯，因为它们是个性的重要组成部分。

——奥斯卡·王尔德

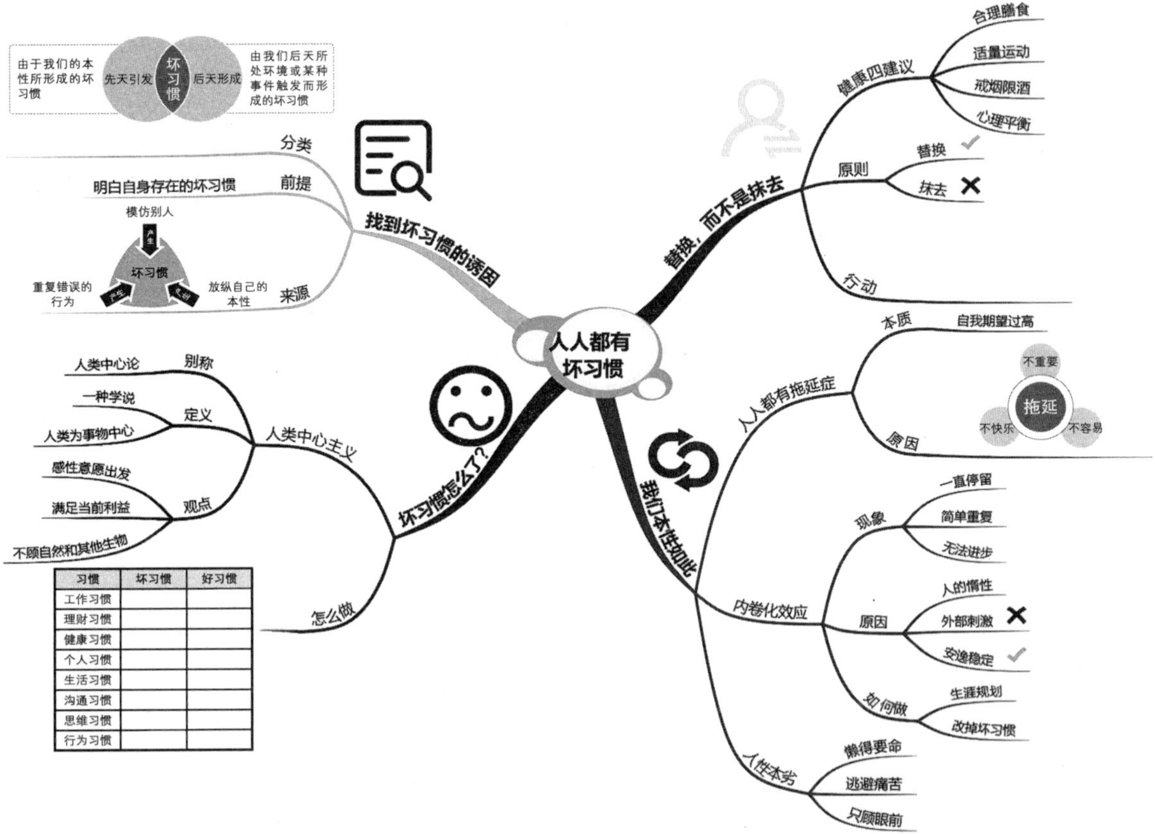

人人都有坏习惯
找到坏习惯的诱因
分类
由于我们的本性所形成的坏习惯
先天引发
坏习惯
后天形成
由我们后天所处环境或某种事件触发而形成的坏习惯
前提
明白自身存在的坏习惯
来源
模仿别人
坏习惯
重复错误的行为
放纵自己的本性
替换，而不是抹去
健康四建议
合理膳食
适量运动
戒烟限酒
心理平衡
原则
替换
抹去
行动
坏习惯怎么了?
人类中心主义
别称
人类中心论
定义
一种学说
人类为事物中心
观点
感性意愿出发
满足当前利益
不顾自然和其他生物
怎么做
习惯
坏习惯
好习惯
工作习惯
理财习惯
健康习惯
个人习惯
生活习惯
沟通习惯
思维习惯
行为习惯
我们本性如此
人人都有拖延症
本质
自我期望过高
原因
拖延
不重要
不快乐
不容易
内卷化效应
现象
一直停留
简单重复
无法进步
原因
人的惰性
外部刺激
安逸稳定
如何做
生涯规划
改掉坏习惯
人性本劣
懒得要命
逃避痛苦
只顾眼前

坏习惯怎么了?

人类的愚蠢在于一而再再而三地重蹈覆辙。

——周濂

“世上有谁能知道威尼佩格狼的心里是怎么想的呢?为什么它要选择那样的生活方式呢?为什么它还要对这个充满苦难的镇子恋恋不舍,而漠视所有的危险呢?说实在的,它并不是不知道这个镇子以外的大千世界,大地一望无际,到处都可以找到食物,而且,在其他地方,有的人也曾见到过它。”

这段话来自加拿大作家欧·汤·西顿创作的动物小说《威尼佩格狼》,描写的是一只狼对人类的忠诚的情感。

在人类认识自身的心灵的历史过程中,对儿童和动物的发现,是两个极为重要的里程碑。对儿童的发现,使人类得以克服成人本位观念;而对动物的发现,则促使人类摆脱人类沙文主义思想。

那么，什么是人类沙文主义？哲学上有一个名词，叫作“人类中心主义”。“人类沙文主义”就是由此引出的一个分支。我在这里稍稍解释一下。

人类中心主义，又称为“人类中心论”，是以人类为事物的中心学说。其核心观点是说人类的一切活动都是为了满足自己的生存和发展的需要，如果不能达到这一目的的活动就是没有任何意义的。而强化了的人类中心主义就是人类沙文主义，它是指仅从感性意愿出发，满足人的眼前利益和需要，不顾自然和其他生物的一种主义。

纵观整个人类史，人类中心主义无时无处不在。从古到今，人类的一切行为都是为了自己的利益，包括前面说到的把昆虫划分为害虫和益虫。并且，人类往往为了当下的利益，不惜毁山灭林。据绿色和平组织估计，100 年来，全世界的原始森林有 80%遭到破坏。另据联合国统计，目前全世界已有 100 多个国家和地区生活用水告急，其中 43 个国家严重缺水，危及 20 亿人口的生存。整个人类是这样，那么小到一个个体的人，其实也是这样的。每个人都在憧憬着未来美好的生活，但是又恍惚未来目标能否实现，往往就被眼前的利益所迷惑。这个世界上有太多的人只考虑自己的眼前利益了。还记得前面说的好习惯和坏习惯的区别吗？还记得什么是坏习惯吗？不过是看到的利益点不同罢了。

我在写这本书的时候，正逢寒假。写到这里的时候，我正在教育我家的豆豆。

小学六年，每一次的寒暑假，豆豆都是这么过来的。

·期末考试刚考完——把书扔掉，拿起家里的 ipad，从早到晚玩游戏。

·放假的第一周——学校发了寒假作业，先挑出最容易的来做。每天一半时间被家长逼着上补习班，一半时间玩，偶尔做一下作业。

·假期的中间——在家长的训斥下开始写作业了，人坐在桌前，却是神游太虚。抱怨作业太多，却毫不减少上厕所、活动下身体、吃点零食、左顾右盼的次数。

·假期的最后——拼命地赶作业……

每一个假期，都是这样的循环。

这就是豆豆的坏习惯。被迫隔绝了一个学期的游戏、娱乐、休闲和放松，在假期里再也无法抑制。

何止于孩子，大多数成年人也是如此。

人人都知道坏习惯要不得，但是，面对当下的诱惑和安逸，我们总是无法抗拒。

最近有一家公司发生了这样一件事情，公司发了文件，要求每一个岗位的员工都要进行岗位认证考试。考试通过了该岗位的认证，你就能继续待在这个岗位上；想要升到或调动到其他岗位，必须通过那个岗位的认证考试。

这一下，所有员工都慌了，叹气者有之、谩骂者有之、悲戚者有之、愤怒者有之。不少人把气撒在了宣贯这件事情的HR身上，向上级告状。有的说HR宣贯得不对，有的埋怨为什么不早点告知。其实，公司早就下了文件，HR也早就告诉他们了，不过是没人当回事罢了。

我又想起之前那位收费站的大姐的那句话："我今年36岁了，我的青春都交给收费站了，我现在啥也不会，我也学不了什么东西了。"

这位大姐说得振振有词，我却听得不寒而栗。这世界，没有稳定的工作和人生。不管是那位收费站的大姐，还是这家公司的员工，他们都犯了同样的错误：没有居安思危的意识，在看似稳定的工作里耗费了太多时光。

还记得前面稻盛和夫的那个公式吗？思维的习惯导致了这样的结果。

我们还要从远古时代说起。那时的人类，面对残酷的自然环境，缺衣少食。为了生存，人们没办法每天安静地思考未来，去长远地规划他们的生活。人们在处理人与人、人与自然的关系时，必须考虑与解决人的生死存亡这个至关重要的问题。民以食为天，人无食物要饿死；天寒地冻，人无衣服穿要冻死，无房屋居住也要冻死。为了活下去，人们只能不断地狩猎觅食，找到什么吃什么，看到什么抢什么。活在当下，立足眼前。千百年来，我们人类的基因里早已埋下了抓住眼下机会的习惯。现在的我们，可以优哉游哉地批评那时候的祖先目光短浅，却不想想那是他们活下去的唯一选择。

但是，人类之所以能发展到今天，当然不是仅仅为了活下去，而是为了活得更好。人类一旦摆脱了生存的难题，立即就把关注点放到了未来。焚林而田、竭泽而渔、饮鸩止渴这种事情受到了后辈们的唾弃。我们今天都知道，只管当下的做法那叫目光短浅。要想过得更好，埋头走路的同时，还需要抬头看路。

怎么看路？

在教练技术[①]里有一个常用的工具叫作“平衡轮”（如图2-1所示）。平衡轮是一套将目标引导到实际行动的有效流程和工具的组合。通俗来说，就是将一个圆平均分成若干等份（一般分成八等份），然后将自己工作、生活或生命中一些并列的要素填写在图中，分析这些要素目前的状态，然后对比目标状态，找到差距，针对差距，制订行动改善计划。

平衡轮把人的日常分成八个方面：

① 教练技术是一项通过改善被教练者心智模式来发挥其潜能和提升效率的管理技术。教练的结果在于追求内心的变化和成长，正直且健康拥有强大能量场的人身上会得到明显的体现。

· 职业发展——你的职业发展方面

· 财务——你的财务方面

· 身心健康——身体、心理健康方面

· 休闲娱乐——放松身心，例如唱歌、跳舞等

· 家庭——如果已经组建自己的家庭，主要指自己的。未组建家庭的，就是指和父母的家庭

· 朋友和重要他人——你总还有不是亲人，却不可失去的人

· 个人成长——知识、能力、眼界、心灵的成长，都是个人成长

· 自我实现——也许与工作无关，但是能发挥你的天赋，实现你价值的事

这个工具就是帮你：一是看到生活的全貌；二是发现自己真正想做的事情；三是将这些事开始排入日程；四是让它们互相平衡、支持、启发，最终全部都能实现。

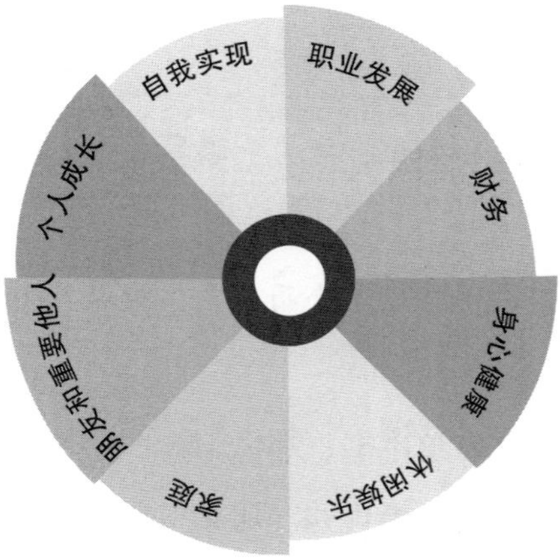

图 2-1　平衡轮

本书不是讲生涯规划，我只是把这个工具借过来用一下。我们也可以根据这个工具来把我们的习惯进行一下划分：

· 工作习惯——你的职业发展方面

· 理财习惯——你的财务方面

· 健康习惯——身体、心理健康方面

· 个人习惯——日常生活中你的各种习惯

· 生活习惯——如果没有组建自己的家庭，主要指自己的。有家庭的，就指自己和妻儿、父母的家庭习惯

· 沟通习惯——和亲人、朋友、伙伴、同事的交往交流、为人处世的习惯

· 思维习惯——知识、能力、眼界、心灵的成长，都是个人成长

· 行为习惯——勿以恶小而为之，勿以善小而不为

来，既然你在看这本书，那么，你一定是有自己想要改掉的坏习惯，想要让自己更优秀。那么，在行动之前，我们当然要搞清楚自己的有哪些习惯，其中又有哪些坏习惯、哪些好习惯，哪些是最需要马上改的习惯。

我们来看看曾国藩的做法。他是晚清历史上举足轻重的人物，他以其道德情操和处世哲学影响了几代中国人。曾国藩经常审视自己，发现自己的弱点和不足，然后想方设法地加以弥补。

在曾国藩因为父丧而回乡守丧期间，他就经过反复地自省，发现自己有两个弱点一直没有克服。于是，他将这个事情写在日记之中，后来又坦诚地写信告诉自己的弟弟，毫不忌讳地将缺点赤裸裸地暴露在亲人面前,既是对自己的剖析和改过，又是对兄弟们的鞭策和督促。

我们也可以学他呀。来，好好想想，填一填表 2–1。

表 2–1 习惯反省表

习惯	坏习惯	好习惯
工作习惯		
理财习惯		
健康习惯		
个人习惯		
生活习惯		
沟通习惯		
思维习惯		
行为习惯		

填入你能想到的所有你的习惯，对自己的习惯做一个盘点。当然，问问身边的人也是个不错的方法。

建议你定期做一下这个事情，拿一个便签贴在电脑屏幕上，“吾日三省吾身”①。

① 曾子曰：“吾日三省吾身：为人谋而不忠乎？与朋友交而不信乎？传不习乎？”——《论语·学而》

我们本性如此

为了避免对人性失望，必须首先放弃对人性的幻想。

——亚伯拉罕·马斯洛

当开始研究和探索人的习惯对人生的影响时，我发现，人性对我们习惯的影响和作用极其深远。关于人性的定论，几千年来不断地经受哲学思想的反复讨论，有的思想家，像孟子等，主张人性本善；有的思想家，如荀子等，就主张人性本恶；而到了近代，心理学的诞生更是将人性的讨论从哲学基础引向了心理学实验。而每一次的实验，让人们对人性的思考和发现更加深入。多年前，当接触并开始学习心理学时，我就深深地被其吸引了。心理学是个有趣而丰富的学科，众多的心理学名词背后其实是简单的生活道理，它给了我面向生活的指引，帮助我了解人与生活的实质。著名的“公众自由权益实验”[①]让我知道人在没有规范和正确指引的情况下，自由选择自己的行为而不用承担责任时会做出什么样的行为。这说明，我们的天性里隐藏着坏习惯的种子，我们的很多坏习惯其实是由我们的天性引发并造就的。

人人都有拖延症

拖延是个人人都知道的坏习惯。很多时候，拖延就是逃避问题和懒惰。

不要以为只有懒惰平庸的人才会拖延。其实，人人都有拖延的问题。不过是对不同的事情而已。

某日报首席记者严俊杰写了篇文章《向死而生，一名记者的住院日记》[②]，内容大致是这样的：

11 月 20 日下午，我住院了。

其实，我没有什么不舒服。前几日，单位发了通知说体检时间要截止了。想着要在截止日前完成体检，不然就要等明年

① 1974 年，南斯拉夫行为艺术家玛丽娜·阿布拉莫维奇在意大利那不勒斯举办了一场名为《节奏 0》的行为艺术，成为史上最惊心动魄的心理学实验之一，揭示了人性往往总是朝向心理阴暗的那一面扩散。

② 经作者授权引用，略作修改。

了。于是，11 月 20 日上午，我就去了体检中心。抽血、化验、X 光……一切顺利。

唯独量血压的时候，护士的神情不太好。量了两次，高压过了 190，低压过了 135。护士说，要不你去医院办个住院吧。

同样的情景，一年前体检也出现过一次，那一次高压 170。

我依然没什么感觉……

开车回家，接到高中同学的电话。这个同学是中心医院的医生，一年前得知我血压高的时候就对我谆谆教诲，说我离死大概也就两三个步骤的距离……

同学详细问了我的血压，要求我立刻、马上、一刻不停地去医院办理住院,而且全过程千万不能慌,要一步步挪过去……

又要快，又要一步步挪，这么矛盾的要求，我拿着电话就笑了……不过同学人在外地，语气严肃认真，我决定下午请个假，去医院看看病。

随后的事情出现了可怕的发展……

医生说："上心电监控！"

我这是怎么了，我明明进医院的时候没有任何症状、任何感觉。医生说："这才可怕，你的血管相当于抱了个定时炸弹。可能咳嗽一下，血管就爆了……"

医生说，不好好治，控制不好细菌，可能要截肢。

医生说，出门有危险，拒绝我回家住。

他住了 13 天医院，才控制住了病情。后来，他感慨地说："等我出院，我一定要把健身房的锻炼捡起来。想着等我出院，我就把奶茶戒了，把酒局戒了，把熬夜戒了，把一切不好的生活习惯都戒了。我不再那么拼命地去工作挣钱了。"

我想，全世界所有的成年人，恐怕没有人不知道健康的重要性吧！科学家说，我们人类的平均寿命应该是在 110 ~ 115 岁。但是，这个世界上，有太多的人以所谓有更重要的事就把保持健康放在了脑后。

很多人都曾表示过要锻炼身体。事实上，青鸟健身曾经公布过一个数据，有 70% 的人都是办了年卡，一个月之后就再也没有去过。

曾经一个女生为了减肥健身，花钱去健身房请了私教，去了 1 ~ 2 次就再也不去了。

"我太忙，没空健身！"

"健身房太远了！"

"我大姨妈来了！"

"我膝盖受伤了！"

"我工作太累了，不想去！"

……

有一天，健身教练恰巧碰到了刚刚和他说生病了、不能来健身的女生正在大排档啃着大猪蹄子。

我们为什么要拖延？要么我们觉得需要拖延的事情并没有那么重要，要么是我们要做的事情令我们感到不适。所以，我们的头脑里就会产生各种各样的借口，来促使我们去做自认为对自己更重要、更容易、更舒服的事情。当我们把一件事情定义为“不重要、不舒适、不容易”的时候，我们会本能地不想去做它，想方设法拖延到明天。

拖延，实质上是我们对自己有过高的期望。

- 期望自己有能力可以解决任何事情，无论事情的难易
- 期望自己有精力同时兼顾任何事情，无论事无巨细
- 期望自己可以不惧任何事情，无论喜好与否

但是，臣妾做不到啊！

一个人的时间、精力、能力是有限的。所以，庄子才说“以有涯随无涯，殆已！”是的，这就是拖延产生的原因（如图 2–2 所示）。

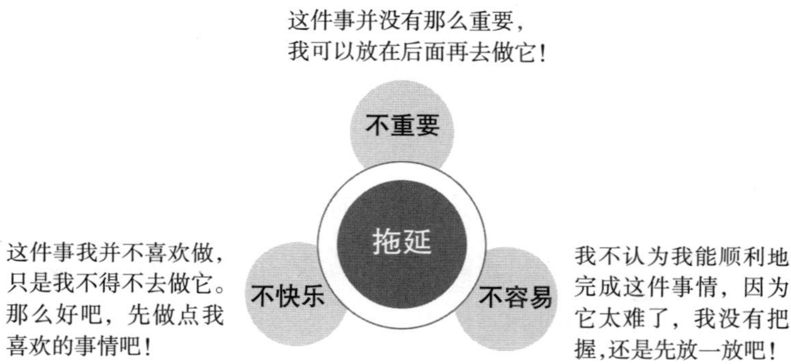

图 2–2　为什么要拖延

什么是好习惯？什么是坏习惯？胜利是一种习惯，而不幸的是，失败也是一种习惯。一旦你学会了拖延，拖延就会成为你的习惯。

1.“不重要”，故拖延

我们先来说说“不重要”。

有一个人人都知道的事实，那就是每天只有 24 小时。但是，读者可以去网上搜索一下，在各大学习平台或图书平台上，都有关于时间的课程和书籍在发售，什么“一天 25 小时”“如何把一天过成 48 小时”等诸如此类。学习时间管理的人更是一波接着一波，前仆后继。

在现实生活中，我们总是期望自己有更多的时间来解决面临的各种各样的事情。

时间是拖延症患者面临的最大挑战之一。他们或者是被对时间流逝感到的恐慌所占据，或者在一个小时一个小时、一分钟一分钟地默数时间，或是假装对时间漠不关心。他们希望发现比客观存在的时间更多的时间，仿佛时间可以被无限拉伸，而不是有限的。但时间是固定的、可衡量的、有限的，或许这一点正是拖延者最难接受的一点。当他们最终知道时间不够用来解决所有他们渴望同时解决的事情的时候，拖延就成了他们最终不得不做出的选择。

“这件事并不是那么紧急和重要，可以往后放一放。”这就是他们常用的理由。

我写这本书的念头其实在两年前就有了。不过，我总是以有各种各样的事情要忙为借口，一直没有动笔。有时，即便我抽出了时间，我依旧会对自己说：“二宝刚出生，我目前最重要的事情是要照顾妻儿和兼顾工作。写书并不是现在必须要完成的事，更何况这书没法一两天就写完，还是等以后空闲下来，我再去写它吧。”

“明日复明日，明日何其多。”一转眼，两年时间就这么过去了。

我现在依旧要照顾妻儿和兼顾工作，但我现在却开始写了。在我写作的时候，小宝会时不时地跑过来和我玩闹一下。

我也会起身和他玩上几分钟，再继续回到书桌旁。曾经我会为自己的拖延寻找理由，现在我却提起了笔。当初的理由依然存在，只不过“拖延”这个坏习惯，我已经战胜它了。

2.“不快乐”，故拖延

假如你特别喜欢做一件事，你也不会问是现在做还是等等再做，而是毫不犹豫地现在就动手。

豆豆这两天一直在和我磨，他在网上看到了一个无人机玩具，非常喜欢。于是，他告诉我，想马上买下它，我没有同意。他就每天缠着我，哀求有之，哭闹有之，悲怨有之。他一做完作业就来到我面前，用各种理由甚至是混乱的逻辑加上胡搅蛮缠，想要我同意买下它。而在学习上，我从没有看到过他这么积极。

吾心泣血——如果他在对待作业上不那么拖延，像想买无人机这样，该有多好。

一个人之所以要拖延，是因为你的潜意识在告诉你：这件事情不是我喜欢的。换言之，这件事情是不值得去做的，是被勉强做的。一件不值得去做的事情，就不值得做好。只是，这个世界上有太多不值得去做，可又不得不勉强自己去做的事情，那么为什么不去拖延呢？——你的身体已经向你发出拖延的信号了。

不要以为理性和逻辑很可靠。你的理性、逻辑都会欺骗你，它们说服你去做并不值得做的事情，并试图让你相信那些破事是值得做的，而你的身体、直觉会忠实于你，它们知道你喜欢什么、厌恶什么。

好！如果你非要问我：“我找不到快乐，该怎么办？”

兴趣不是天生的，而是人创造出来的。

没有人天生就喜欢开车、喜欢围棋、喜欢跳舞。当你在接触某一项事物的时候，比如下中国象棋，再加上适当的引导（先让你赢上几盘），兴趣就会产生。一个人如果从没有听过或玩过日本将棋，你是没法知道自己是不是喜欢或者讨厌将棋的。

很多时候，我们不需要激励就可以直接做，但在做的过程中，如果你能感到快乐，那就会一气呵成。

这就是十分之一快乐法则。

如果你想要做一件事，并且想要让自己避免拖延，那么，先不要跟自己讲道理，也不要给自己思考的时间。决定要做什么，就直接去做。

拖延者最大的误区就是：我要喜欢它，才会去做它。带给你痛苦的往往不是任务本身，而是你对任务的厌恶情绪。

而十分之一快乐法则的要求是，如果这件事很重要，那么直接做。在做这件事情的时候，你只需要带着一个目的就行——先马上完成这件事情的十分之一就行，并且在完成十分之一的时候，给自己创造一个快乐。

如果这件事情很大很烦琐，甚至它的十分之一都很多，那就再分出十分之一来。先用最短的时间完成最开始的十分之一，几分钟之后你会发现，其实也没那么难。人对于未知或未曾经历的事情总是怀有畏惧感的。那么，我们就不用多思考，过多的思虑只会增加自己的恐惧。而一旦你怀有敬畏，最后的结果往往是作罢。

马上做，快速完成最开始的部分，给自己增加信心。做着做着，你就会忘记之前的抵触情绪了。

当然，这里面最关键的是在完成十分之一的时候，一定要给自己一个快乐的奖励。人人都喜欢做能给自己带来快乐的事情。这个快乐可以是一份精美的下午茶；可以是将完成的成果发个朋友圈，收获一圈赞美；可以是一份好的自我暗示——“这件事很轻松呀，我完全能搞定。”

当你在完成十分之一并收获了一份让自己美滋滋的快乐后，接下来的，还会难吗？

来，跟我一起，启动你的十分之一吧！

立刻，马上，让自己进入“开始”的状态！

3.“不容易”，故拖延

很多拖延者还会给自己创造一个误区：我要能搞定它，才能去做它。

虽然我在两年前就想写书了，但这个事情一直拖了两年。

我对自己能写好一本书一直持有怀疑态度。虽然我的朋友们说我没问题，但我从没有连续写过几万字的东西。我最爱的是写诗，寥寥数语就搞定了。而一口气写下长篇大论，我不知道自己能否做到。

人们的意识总是受累于外界事物，攀缘外物，触景生情。为什么我们会“拖延”？为什么我们会担忧在最后一刻前完不成工作呢？很多人在能力与欲望无法匹配的时候，就会陷入迷茫困惑中。因为我们对自己的工作效率、自身能力及对所面临的问题缺乏足够的理解，我们缺乏解决这件事情的把握，因而对自己缺乏足够的信心。于是，我们徘徊在“做”还是“不做”之间，徘徊在“现在做”还是“等等再做”之间，游移不定，畏惧踌躇。明明觉得等等再做也不晚，又担心万一等等再做又完不成怎么办。拖延，也就成为最好的缓冲剂。其实，真正让我们陷入焦虑的不是问题本身，而是这种担忧的情绪。即使现在什么都不做，也无法潇洒地把它抛在脑后。

如果我们在做一件事情的时候，心无旁骛，不去考虑这件事能不能做完、能不能做好、能不能完美、会不会给自己带来不好的后果，而只是一心一意地去做它，又怎么会有那些让人畏惧、害怕、担心、恐惧的心理和情绪呢？并且进一步让这些情绪影响自己，把事情拖延下去呢？

还记得龟兔赛跑的故事吗？

有一天，兔子和乌龟比赛跑步，兔子嘲笑乌龟爬得慢，乌龟则说总有一天他会赢。兔子说："那我们现在就开始比赛。"兔子飞快地跑着，乌龟拼命地爬着。不一会儿，兔子就与乌龟拉开了很大一段距离。兔子认为比赛太轻松了，它要先睡一会儿，并且自以为是地说，即使自己睡醒了，乌龟也不一定能追上它。而乌龟呢，它一刻不停地爬着，当兔子醒来的时候，乌龟已经到达终点了。

问一问，这个故事里，乌龟的能力比兔子强吗？乌龟和兔子赛跑，这事对乌龟来说容易吗？如果让你和刘翔去赛跑，你敢吗？如果让你和孙杨去比游泳，你觉得你行吗？

很多人估计还没有开始比赛，就已经把头摇得如同拨浪鼓一般，不行，不行，我怎么可能赢呢？我的朋友，皮划艇亚洲锦标赛冠军费涛就和我开过这样的玩笑,我当时就是高举双手，拼命摇头，大喊投降，我心里完全没有要和他比试一下皮划艇的念头。

乌龟从来没想过这些乱七八糟的事情，只是一心一意地往前爬，往前爬，最终爬到了终点。如此而已。

所以，在这个世界上，简单的人才是最厉害的。什么烦恼忧愁、焦虑失眠、暴躁易怒、迫不得已……统统一边去。所以，郭靖学得会降龙十八掌，而黄蓉学不会。

人本主义心理学先驱、个体心理学的创始人阿尔弗雷德·阿德勒说："我们每个人都有不同程度的自卑感，因为我们都想让自己更优秀，让自己过更好的生活。"因为这种心理，我们在做一件重要事情的时候，总是会产生这样的心理——我怕做不好它。我们总是患得患失，担心过程，担忧结果。其实，人生很简单，不要老想着成为什么精英，先尝试做好一个普通人。把我们面前的每一件事情都认认真真、踏踏实实地一步步做好。静待花开，芳香自来。

内卷化效应

什么是内卷化效应呢？我们先来听个小故事吧！

20 世纪 60 年代末，美国人类文化学家利福德·盖尔德潜心研究爪哇岛的农耕时，发现了这样一个现象——千百年来，当地的农业生产一直停留在一种简单重复、没有进步的轮回状态，当地人始终过着靠天吃饭的生活。

盖尔德将这种现象称为"内卷化"。

后来，这一概念被引用到经济学中，被称为"内卷化效应"。内卷化效应的例子在各个领域都很常见。

人们为什么会陷入内卷化效应呢？其实，陷入内卷化的根本原因就是人的惰性。在没有外部刺激的情况下，绝大部分人都追求安逸和稳定，他们希望可以在社会中寻找一个“世外桃源”。

有一部电影叫作《革命之路》，讲的是美国 20 世纪 50 年代一对中产阶级夫妇的故事。这部电影主要讲的是婚姻，但是背后有一个更大的背景，就是新型工作模式给人们的生活造成的影响。电影里总会出现男主人公上班路上的镜头，一大群上班的男人，戴着帽子、打着领带、穿着西装、拎着公文包，整个画面给人一种死气沉沉的感觉。你能感受到在这种洪流之中，每个人的个性都是被湮灭的，人成了商业机器的一颗螺丝钉。人们日复一日、年复一年地上班下班，并习以为常，从此拒绝改变。但在这个家庭中的妻子爱普莉眼里，这样的生活显得陈腐和毫无生趣，她渴望到更远的地方，过一种充满希望和激情、与庸俗现实完全不同的生活。可惜，电影的结局是悲惨的，因为丈夫不愿意改变现在的生活，妻子选择让自己自残般地流产，最后死在了医院里。

在另外一部全球影史排名第一的电影《肖申克的救赎》中，大部分的画面也都是死气沉沉的。其中一个角色——老图书馆的管理员，几乎在监狱里待了一辈子，等他获得了自由，他却完全不能适应外面的世界。

电影里有一段叙述他的情况的台词，说道："他在这儿待了 50 年，这里是他所知道的全部，在这儿他是个重要的人，是个有文化的人，一个图书管理员，到了外面，他什么都不是，一个双手都得了关节炎的老囚犯而已，这就是所谓的体制化。"

《肖申克的救赎》绝对不是讲主人公如何升级开挂，成功越狱，也绝不是一碗简单的心灵鸡汤，而是因为它通过肖申克监狱这种体制化的极端特殊环境，来展现"时间流逝、环境改造"对人的深刻影响，它抛给人们一个问题：是做一只"关不住的鸟"，还是一只"安心待宰的牲畜"？

一禅师见一蝎子掉到了水里，决心救它。谁知刚一伸手，蝎子便蜇了他。禅师无惧，再次出手，岂知，他又被蝎子狠狠地蜇了一下。旁边有一人问道："它老蜇人，何必救它？"禅师回答道："蜇人是蝎子的天性，而善是我的天性，我岂能因为它的天性而放弃了我的天性。我们的错误就在于，往往因为外界过多地改变了自己。"

荀子说："蓬生麻中，不扶而直；白沙在涅，与之俱黑。"我们原本应该是自己的主人，然而，在现实生活中，我们却总是"身不由己"。我们的时间和空间被这个社会机械地分割了。于是，我们再难拥有自己的人生节奏，而是被其他人掌控了节奏和步伐。我们不得不去适应体制并按照它的要求生活。在这样一个固定的环境里，在你日复一日习惯并越来越依赖这个环境的过程当中，你会被不断地体制化，你将会产生一种“习得性无助”[①]。一旦你养成了习得性无助的习惯，你会倾向于放弃对外部世界的探寻和内心世界的改变。也就是说，你失掉了那份变好的欲望。这样的结果就是，每个早晨，我们都要面对那种被逼上竞技场的压力，而童年时期对外界的好奇心也在不知不觉中消散。面对死气沉沉的生活，你甚至会认为，生活本就该如此。

这样的人在生活中比比皆是，特别是在中国，延续了几千年的农耕民族，自古老百姓就是守着自己的一亩三分地，面朝黄土背朝天地讨生活。大多数老百姓的追求并不高，只要温饱没问题，其他就是可有可无的了。也就是说，对现状基本满意时，改变现状的欲望就显得不那么强烈了。

我刚开始做生涯规划培训的时候，很多人都说做这个不好，他们说这不是刚需，只是个让人变得更好的事情，而且还要付出巨大的努力来改变自己。人呀，都想付出最小而得到最多或者干脆维持现状。他们说的，无疑是有正确性的。其实很多人现在过得也是不错的，有份工作有个家，该吃吃该喝喝，偶尔还能旅行一下，这日子也是令人满意的。只要接下来40年中国的经济一直向好，什么失业、离婚、重大疾病等情况别

① 美国心理学家塞利格曼（Seligman）1967年在研究动物时提出的，指因为重复的失败或惩罚而造成的听任摆布的行为。

降临在你头上，你也就到了随遇而安的年纪了。在一个单位上班到退休，再带带孙子，保持健康，这辈子就这么过去了。生活，不就是这么回事吗？

但是现在不是古代了，改革开放初期，还有很多工作被称为“铁饭碗”，其实有点类似于大家追求的“世外桃源”。但是你发现没，现在已经很少有人说“铁饭碗”了，因为铁饭碗已经不存在了。

如今我们的世界处于前所未有的发展中，进步的速度越来越快，竞争也变得越来越激烈。以前，大家跟人竞争；未来，大家很有可能还要跟人工智能竞争。虽然我们基本上不会再饿肚子，但是，生存的压力却越来越大了。

很多来找我做生涯规划的人刚开始都有个误解。他们以为，生涯规划就是我帮助他把一生的路都规划好，然后他们照着走就是了。哪有这样的好事呀！ 40 年前，我们谁知道 5G、互联网、云计算、3D 打印、智能手机、人工智能？现在就能把一生的路都规划好，你哪来的这个自信呢？

生涯规划只能帮助你去分析这个世界的变化趋势，跟上趋势，并尽可能地利用趋势来实现自己的人生。我们从不预测 3 年以后的世界，因为没法预测。

既然我们没法把一生的路都规划好，那么，我们也没办法确保我们这一生能安安稳稳、平平安安、快快乐乐、无忧无虑。

因此，居安思危、未雨绸缪、栉风沐雨、砥砺前行才是真正的生涯规划。而改掉坏习惯，是开启人生的第一步。

所以，无论你愿不愿意，你都千万不能陷入内卷化效应的泥潭。

当然，跳出自己内心的“世外桃源”是需要敏锐的自我认知能力和巨大的勇气的，并且还要对抗我们的原始惰性，这对任何一个人来说都不是件容易的事。

为了能够帮到你，在本书里，我将会不停地挑战你的思维、认知和观念，是它们禁锢了你改变自己培养习惯的欲望。你的改变必须由你自己来承担，由内而外地去造就自己。很多时候，懒惰和享乐披着兴趣和爱好的大衣在不断地迷惑着你，真想搞明白，就别怕努力会白费。一旦改变，你会发现新的自己。

人性本劣

生而为人，我们每个人身上都有人性的劣根性，而这些劣根性是能够从本质上影响我们的生活的。荀子说：“今人之性，生而离其朴，离其资，必失而丧之。用此观之，然则人之性恶明矣。”意思是说，如果人的本性生来就脱离他的素质、脱离他的资质，一定会丧失他的美和善良。由此看来，人的本性是邪恶的就很明显了。

在中国的思想史中，关于人性是怎么样的，尤以孟子的“性善论”和荀子的“性恶论”最为有名。实际上，儒家在这个问题上的理论远不止这两种，到汉朝的时候就有“性无善恶”论、人性有上中下三品的“性三品”论、“性有善有恶”论等各种理论。这里我们不讨论这个，但是，我很认同荀子的一句话：“今人之性，饥而欲饱，寒而欲暖，劳而欲休，此人之情性也。”

人都是有惰性的，不仅如此，人的天性里还有很多的坏毛病。这些天性导致我们产生坏习惯，并影响我们追求美好的生活。

1. 我们懒得要命

小的时候，我看到过这样一个故事。

古时，有一个人叫兰东，他每天衣来伸手，饭来张口，他的妻子拿他没办法。日复一日，年复一年，转眼几个年头过去了。这懒人变本加厉，赖在床上，什么事都懒得做，连手指都不想动一下了。有一天，妻子要回娘家待几日，临别前，他妻子告诉他，为他摊了一张很大的烧饼，足够他吃上几天了，并用绳子把饼穿好，挂在他的脖子上。妻子走了有三四天了，因为实在惦记着家里，所以，妻子就回到了家中。

一进家门，只见兰东躺在床上，不由得松了一口气。等妻子把饭菜做好，来叫兰东时，才发现兰东早已气绝身亡了。而他脖子上挂着的饼，只有面前一处是被吃了的，其他的地方丝毫未动！妻子恍然大悟，原来兰东懒得连头都不想转动一下，只吃了他的嘴巴够得着的地方。

后来，我才知道，“懒人吃饼”这个故事是个成语，用来形容好吃懒做的人，什么都不想干，坐吃山空。

原本以为，这就是个故事。没想到，现实中还真有这样的人。2010 年，《大河报》报道了一则新闻，一个 23 岁神志正常的小伙子，居然活活饿死在自己家里。“那么大的人了，你给他饭吃，他都想让你直接喂到他的嘴里。”当地一位曾经帮过这个小伙子的村民说：“还真没见过那么懒的孩子。他是我们 8 个堂兄弟当中长得最英俊、最聪明的，也是最懒的。”村里人议论纷纷：“这孩子就是被父母给娇惯的，长这么大，什么也不会。”“真没见过这样的孩子，宁愿饿死、冻死，也不干活。”“村里人给他的肉、菜，他都挂在屋檐上，一直放臭也不做来吃。”这和成语故事里面的兰东还真是一样的。

作为一个正常人，我们都会鄙视这种懒惰的行为。但从生物性来说，少耗能量能减少因食物短缺而带来的生命威胁，这是生物生存繁衍的本性。生物的最低行事原则就是确保生存，在远古那种缺衣少食的情况下，为了保证生存，尽可能减少活动是必需的。这种行为已经保存在我们人类的基因里并流传至今。

所以，无须鄙视，这是我们的天性，接受就行。

不过，当人类种群解决了生存问题后，懒惰就成为七罪宗①之一。它成了我们获得美好生活的阻力。

在人世间，大多数引起人的不幸、痛苦、绝望、羞辱、逆境的真正原因并非人性中的恶，而是简单的惰性。人生这一路，从生到死，不论怎么过，躺着是最舒服的。所以，人们喜欢安逸、稳定、少变化或者不变化。如同物体静止的时候，做功最少。一旦要它动起来，必须要提供力量来克服阻力。这时，只有两种处理方式，要么放弃自己的欲望，顺从阻力；要么满足自己的欲望，突破阻力。虽说人欲是贪婪的，但在这里却反而成了好事，如果人类没有欲望，顺从我们懒惰的基因，我们可能还依旧是树上的猴子。

懒惰是人的天性，世界上大部分的人都是懒惰的。懒惰作为人性的普遍存在，某种程度上也促进了人类社会的进步；虽然懒惰往往是人类进步的动力，但是不同的是，人类社会的进步往往不是懒惰的人创造的。现在的人类毕竟不同于远古时代，整个社会在人类的努力下，正日新月异地不断发展着。我们都

---

① 七罪宗（英语：Seven deadly sins），宗为来源、根源的意思。天主教教义中提出“按若望格西安和教宗格里高利一世分辨出教徒常遇到的重大恶行”。“重大”在这里的意思在于这些恶行会引发其他罪行的发生，罪行按严重程度递增依次为傲慢、嫉妒、暴怒、懒惰、贪婪、色欲和暴食。

在努力奋斗，我们鄙视懒惰的行为，鼓励人们克服人性的弱点去谋求更好的生活。

事实上，我们每个人都有无限潜能可以挖掘，只是易被惰性所掩埋、被惯性所覆盖。我们总是去优先选择那些毫不费劲的事情，比如玩游戏、待在舒适区。但是，你要玩游戏，就注定只能被人玩。因为任何游戏的设计，不管是打怪、升级还是组团、开宝箱，都是为了让你在里面尽可能多地花钱、花时间，帮商家发财。如果你把玩游戏的时间、精力和兴趣去做对你的人生更有意义的事情，不管是赚钱、健身、读书还是谈恋爱，可能你都能把那件事做得很好了。

曾经听过一个有意思的问题——若只有两种人生可以选择，你会选择哪一种：第一种人生，前 40 年会过得非常辛苦，但后 30 年会过得非常舒适和快乐；第二种，前 50 年会过得极其舒适快乐，但后 20 年会过得非常辛苦和窘迫。几乎所有被问的人都选择了第一种生活，包括我自己。

但实际上，在现实生活里，人们的行为却恰恰相反，大多数人在年轻的时候都是混过去的。我有一个朋友，大学四年基本是玩游戏过去的，毕业后除了一纸毕业证，其他什么都没有，也没有什么过硬的技能。这让他在找工作时吃了不少苦，碰了很多壁。好不容易找到了一份工作，每天 996① 的忙碌，一晃

① “996”工作制是指工作日早 9 点上班，晚上 9 点下班，中午和傍晚休息 1 小时（或不到），总计每天工作 10 小时以上，并且一周工作 6 天的工作制度，已超出了国家法定工作时间。

十年过去了，他依旧在生存中苦苦挣扎。但他还是老样子，没有学习，没有改变，没有进步，没有成长。

其实，人生活中一切的懈怠与限制，都是从自己的内心开始的。著名思想家罗曼·罗兰说："懒惰是个很奇怪的东西，它让你以为那是安逸，是休息，是福气；但实际上它所给你的是无聊，是倦怠，是消沉。"人生就是一个修行的过程，不断纠正自己，不断调整自己，是为了不断完善自己，让自己收获幸福。

懒惰的人未必一贫如洗，勤奋的人也未必富可敌国，但只要能克服懒惰，你的生活就一定能比以前更好、比现在更从容。世上只有一种真正的英雄主义，就是认清生活的真相之后，依然热爱生活。无论前路是遍地荆棘或康庄大道，都愿你岁月不老，不负此生。

2. 我们逃避痛苦

这个世界上，有非常多的人，即便知道了自己身上的弱点，也不去行动起来，不做任何改变。很多人有很多的坏习惯，如看电视、打麻将、喝酒、泡舞厅、玩游戏，他们也知道这样的习惯不好，但是，他们为什么不愿意改变呢？就是不去行动，就是不去改正自己的行为？青年哲学家周濂说过一句话，"你永远都无法叫醒一个装睡的人。"这种人是最无药可救的一类人，哪怕是把人性的弱点背得滚瓜烂熟，也毫无长进、毫无希望!

为什么?

这大致是因为人的天性：都喜欢好的结果，但不愿意为获得这个结果去付出相应的成本。很多人宁愿忍受那些不好的生活方式，也不愿意忍受改变带来的痛苦。因为改变就意味着打破了原有的已经习惯了的平衡状态。你需要通过改变，尝试着重新建立一个新的平衡。在这个过程中，可能会出现麻烦、失败、阻碍，而且在改变前，我们无法预知会发生什么。有一句话叫作：成功者不害怕做那些让自己害怕的事情。是的，我们大多数人并不想做个伟大的成功者，虽然我们很羡慕他们。事实上，我们大多数人害怕失败以及失败后的责任承担。一旦我们做出改变，那就意味着我们自己必须就此承担改变的一切责任，我们没办法再像平时一样，当出现问题或不好的结果时，可以把责任推给其他的人或事物。

· 作业没做完，是因为老师布置得太多了

· 项目实施得不顺利，是因为领导是个蠢蛋

· 没有晋升机会，是因为公司的办公室政治严重，没有好的晋升机制

· 房子太贵买不起，是因为那些黑心炒房团、没有一个富爸爸

是的，我们已经习惯了这么说，都是别人的错。这样我们可以避免因为改变失败后承担责任带给我们的痛苦。这种痛苦包括自卑、自责、不安、羞耻和内疚。就像有句话说的那样：“我不敢下苦功琢磨自己，怕终于知道自己并非珠玉；然而心中又存着一丝希冀，便又不肯甘心与瓦砾为伍。”

那么，有人会问，改变不一定就是失败呀，万一是成功呢，多好呀！

是的，成功当然好。但是，任何的改变都将打破现有的平衡。这会引起之前已经习惯了原有状态的身心产生不适感。要想消除不适感，你必须建立一个新的平衡并习惯它。这个过程不是一蹴而就的。正如一个玩具车本来处于静止的状态，你要想它动起来，就必须用力推动它去克服摩擦力的阻碍。但不幸的是，我们人类的天性总是希望用最小的代价获得最大的回报。谁都不想用力去推车，人们总希望在自己不费力气的情况下，车子自己就能动起来了。

你想成为一个名人吗？你想成为大咖吗？你想成为所在领域的高手吗？面对这样的问题，大部分人的回答都是肯定的。但问题是，大部分人都不想经历成为大咖、高手的这个过程（这个过程远不如结果风光），而是只羡慕那个已经成为名人、大咖、高手的结果。

这几年十分流行“穷人思维”和“富人思维”这样的词汇。

什么是穷人思维？穷人思维就是“天天蠢蠢欲动，总是雷打不动”。这是杜子建老师讲的。还有马云的一句话：“晚上想想千条路，早上起来走原路。”一个有意思的现象，在 2010 年，有一个调查显示，贫困地区居民比发达地区居民消费了更多的彩票；有数量约为 500 万的问题彩民，他们每月购彩金额不低于月收入的 20%，年购彩金额达上万元。

西方有位学者曾说：“彩票是穷人的毒药。”西方学者的研究结果显示，低收入国家比高收入国家购买了更多的彩票，经济落后地区居民比富裕地区居民购买了更多的彩票。中国各地区购买彩票的现实是，越是贫穷的地区，彩票发展指数越高。这也从数据上进一步证明了那条著名的彩票悖论：发行彩票是为了帮助穷人，但是穷人却买了更多的彩票。

为什么？

因为穷人都有发大财的渴望，但却没有为获得财富而付出努力的勇气和毅力。而仅仅花上 2 元钱，不用付出任何劳动，就有可能发财，轻轻松松获得财富，大家当然就会趋之若鹜。

可惜，没有付出就没有收获，改变与成长从不愉快。

其实，痛苦是极好的驱动力，我回顾了自己过去 20 年的道路，深刻感受到痛苦的价值：

· 第一次恋爱的失败让我对爱情有了更深刻的理解

· 在与父母沟通和相处上的障碍逼着我的内心变得更为强大

· 职业停滞不前让我寻找新路，也最终思考清楚我在工作上究竟想要什么

我在懵懂少年时，生活压力小，那时候，谈谈恋爱，和伙伴们一起联网打游戏，时光总是快乐而让人回味的，但真正的收获与成长甚少。我从 28 岁结婚到现在是痛苦而幸福的，因为我在心智和认知方面随着生活压力及痛苦的不断增大而不断成长，这是我生命的真正转折期。这些痛苦把我从一个只想简简单单、平平淡淡过小日子的普通人，逼成一个有更大抱负、寻找和建立自己人生意义的人。

但是，我们会发现身边的大多数人几乎遭遇了同样的痛苦，他们抱怨痛苦，却只是盼望着痛苦快些自行消散。最终，他们不是解决了痛苦本身，而是学会了拖延、忽视和放弃。因为逃避痛苦是最简单的方法，当然，也是最没用的方法。

逃避痛苦，会让自己变得平庸；而不断地选择平庸，在年长之后就会变成一个无趣的人。无趣是因为面对痛苦不在乎，面临快乐也不在乎；面对失败不在乎，面对收获也不在乎。一切都已经习以为常、毫不在乎乃至麻木不仁。渐渐地，找不到

甚至也不在乎生命的真正意义了，而生命的很多意义都深藏在你所遭遇的痛苦之中。一个已经变得平庸的人是没有欲望的，还记得前面说过的习得性无助吗？平庸的人将会在平庸中习惯平庸。

阿里集团湖畔大学产品模块学术主任梁宁曾经做过一个很有意思的分析：成就最高的那批人和普通人究竟有什么区别？

在这次分析比较中，她发现了一个很有意思的区别：成就最高的那批人有一种特别重要的天分——痛苦。比如苹果创始人乔布斯，乔布斯有一句名言——活着就是为了改变世界。他天天为不能改变世界而痛苦，这种痛苦驱使他玩命地去研发，所以他颠覆了四大行业：用 iMac 颠覆了电脑，用 Pixar 颠覆了电影，用 iPod 颠覆了音乐，用 iPhone 颠覆了手机。

什么是“富人思维”？富人会为了发财或实现自己的梦想去创业，努力地利用一切机会去行动来实现自己的梦想。如果他想要某种东西却得不到时，他就会变得坐立不安、饮食无味，为了发财，为了得到某个东西，为了实现自己的欲望，他会付出自己的时间、精力，努力地去拼搏，不管付出什么都可以，不管牺牲什么都可以。

所以，梁宁说：“痛苦是一种比快乐还重要的天分，巨大的痛苦会驱动一个人去做出巨大的成就。”

最后说一句，一个人能给世界带来的最好的改变就是改变自己。千万不要让自己停留在一个状态太长时间，时间就像煮青蛙的温水，如果不能跳离舒适区，就只能泯灭于众人之间。所以，请无论在何时何地，遭遇何种苦难和困境，都不要轻言放弃，在精进的路上持续践行。我们的未来很美，我们每一个人都有能力让自己站在更高处。那时候，往昔的痛苦，将会是我们最精彩的回忆！

3. 我们只顾眼前

人性的劣根性当中有一条就是人总是关注短期利益，总是过于在乎眼前的利益得失，而不去做长远的打算，这是大部分人都存在的不足。

和以往传统春节不同的是，近两年来每年除夕夜陪伴我们的除了春晚以外，大家更关心的就是支付宝“集五福”的开奖结果了。

一般是春节前的半个月，支付宝就推出“集五福”的活动，集齐五个福字就能抽红包。几个亿的诱惑，很大，于是人们趋之若鹜，2019 年参与的人数达到 2 亿多，结果大多数人花了半个月的时间，不过是得到了几毛到几元的小红包，但是很多人为此付出的热情，让人瞠目结舌。

后来，网上有这样一个段子：

“开年第一个项目，与阿里巴巴公司合作 5 个亿的集福卡项目圆满完成，经过半个月的努力，共盈利 2.28 元，终于情人节有钱买花了。期待下一年的合作。”

其实，细想一下，不过是几毛到几元的小红包，哪里不能获得，这并不是难事。为什么人们愿意花上半个月的时间、精力去做这么一件收益很低的事情呢？

人类的劣根性在这里显露无遗。这和买彩票的心理是一样的，我们总是被眼前的“5 亿”这个巨大的蛋糕所诱惑，妄想用最小的代价获得最大的收获。

假设每天花在集福字上的时间是 10 分钟，半个月的时间：

· 每天花 10 分钟读书

· 每天花 10 分钟健身

· 每天花 10 分钟陪孩子玩游戏

· 每天花 10 分钟陪父母说说话

· 每天花 10 分钟精进一下自己的工作

· 每天花 10 分钟思考一下自己的人生

……

我想，每个人的收获绝对超过一个红包的价值。

为什么人们没有每天花 10 分钟去做那些事呢？答案很简单，因为无法马上收获回报。

人类的本性是自私和贪婪的，这造成很多人渴望快速获取利益。浮躁的社会环境让很多年轻人失去了耐心，我们要什么东西、学什么东西甚至改变自己的坏习惯都希望能快速获得，能够速成。然而，令大多数人都没有意识到的是，所有能够快速获得的都不会具有高价值或者无法成为核心竞争力。只有那些花费了足够的时间、精力和努力换来的才可能成为你的核心优势，而那些不用花工夫就能得到的“技能”是不值得追求的。

老子说：“合抱之木，生于毫末；九层之台，起于累土；千里之行，始于足下。”

吴京，这个中国电影史上的第一位“百亿先生”。我们来看看让他一鸣惊人的电影《战狼 2》是怎么拍摄的吧！

让不少人惊艳的莫过于开场的长镜头，这个 6 分钟的拼接长镜头包括了一段水下打斗戏，吴京说拍这段戏都拍出阴影了。

惊艳的 6 分钟是这么拍出来的——

· 带彩排共历时 7 天

· 每天泡在水里超过 10 小时

吴京为了拍摄这场戏跳了 20 次水。“我 1998 年学的潜水，水平约等于国际三星，省去了学习的时间。另外 4 个搭戏的黑人演员套招花了半个多月，水下彩排 4 天，正式拍摄 3 天。每天在水下待 10 多个小时，那段时间最痛苦的就是见到水。”

电影呈现出来的 6 分钟，他却在地上花了半个多月，水下花了 70 个小时！

“越是浮躁的时代，人们对于精心打磨的东西越是存在强烈的诉求。越是浮躁的年代，认真踏实做事的人反而越容易突围！”

如果我们想要经营好自己的人生，无论在生活中还是工作中，无论是与家人相处还是与同事相处，无论做出什么样的选择，一定要往长远考虑，而不要为了眼前的一丁点得失而做出决定。人的目光短浅，只会让自己的路越走越窄，最后把自己逼得无路可走。

还是吴京，2019 年很火的《流浪地球》拍到中途的时候，剧组断资了。剧组请求几个投资方增加投资，结果一个投资方不但不增加投资，还撤资了，因为他们不看好这部电影，觉得风险太大了。而吴京却说：“我在他们身上看到了我当年的影子，执着、疯狂地投入到自己喜欢的行业中。虽然叫天天不应、叫地地不灵，但依然疯狂地拼命着、坚持着，我被这种情怀所打动。”

结果，吴京又一次取得了成功。

“为什么又是吴京？”有人喊出了这样的疑问。

“早成者未必有成，晚达者未必不达。”吴京说，“别人不愿意死磕的，让我来玩命死磕。别人没耐心修炼的，让我来精心雕琢。”他死磕到底，终于出类拔萃。

找到坏习惯的诱因

坏习惯是在不知不觉中形成的。

——亚里士多德

好了，看到这里，我想大家都知道了，坏习惯有两类（如图 2–3 所示）：一类是由于我们的本性所形成的坏习惯，比如拖延、懒惰等；还有一类是由我们后天所处环境或某种行为事件触发而形成的坏习惯，例如躺在床上看手机、熬夜等。本性所形成的坏习惯更加难以改变，因为要战胜我们的天性，这是件很不容易的事情。当然，不论是哪一类的坏习惯，既然是坏的习惯，它给我们带来了坏处，我们当然就要改掉它。

那么，怎样改掉坏习惯呢？改掉坏习惯的前提就是要明白自身存在的坏习惯！要想改掉坏习惯，首先应该知道这个习惯坏在哪儿。知道了坏在哪儿，找到坏的根源，才能知道如何改正。比如，有的孩子喜欢歪着身子坐着，这样对颈椎、脊椎非常不

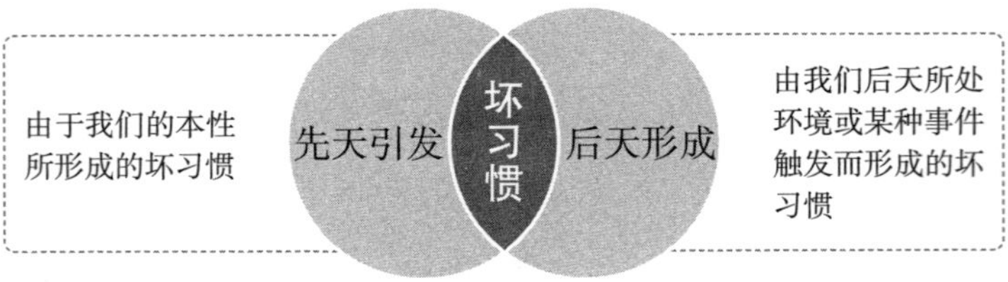

图 2–3　形成坏习惯的原因

好，知道了坏习惯坏在哪儿，我们就知道应该采取正确的姿势，并朝着好习惯的方向努力。

我家豆豆（好吧，除了人人皆知的小明同学，这世界还有一个反面教材叫豆豆）每次上课一定是掐着点才出门的。但生活不会每次都让他那么掐着点按时到校。所以，上 10 次的课，他可以迟到 8 次，每次迟到的时间也只是 3~5 分钟。老师开始讲课了，他从后门溜进去，有时候还会拎着一份早餐，直接在教室里吃起来。

迟到、上课吃零食这些都属于坏习惯。但是，在豆豆眼里，它们都不是什么大问题，所以，他压根就不曾想过改变。守时是态度，更是教养。这样的迟到，通常不是时间管理上出现了问题，而是态度上的放松。对待迟到、上课吃零食这样的坏习惯，保持基本的羞耻感就基本可以解决。把表调快十分钟，上学提前十分钟出门，就可以在很大程度上避免迟到的发生。

我们很多家长说想帮助孩子克服身上的那些坏习惯，那么，父母首先应了解孩子养成坏习惯的原因，这样才能对症下药。那么，孩子的坏习惯是怎么形成的呢？总体来说，可以归结为三个方面：一是模仿别人（包括父母）的一些坏习惯；二是重复错误的行为；三是由于父母的纵容所致。

成人也是如此，我们的坏习惯也可以归结为三个方面：一是模仿别人的一些坏习惯；二是重复错误的行为；三是放纵自己的本性所致（如图 2–4 所示）。

图 2–4　坏习惯的来源

对于孩子来说，明白了孩子坏习惯形成的原因之后，就应该了解孩子有些坏习惯的养成主要责任并不在他自己身上，老话说“三岁看老”。在孩子 1 ~ 3 岁的时候，是孩子学习能力最强的时候，他本身就是一张白纸，这个世界的一切在他的眼里都是新奇未知的，他会通过模仿来学习这个世界的一切。所以，孩子身上的一些毛病大多是从父母和别人那里学来的。因此，父母在对待孩子坏习惯的问题上，心态要放平和一些，慢慢引导孩子逐步纠正过来。

斯金纳 1953 年“操作条件作用实验”已经证明了行为结果对行为本身的影响。使用暴力等手段对付不爱学习的孩子，会使其对学习产生厌恶感，从而更加回避学习（除非是通过学习获得成就感，间接获得正强化）。如果只是一味地指责和打骂，强行让孩子改掉坏习惯，其结果不但会让孩子变本加厉地巩固坏习惯，还会直接影响亲子关系。并且，孩子在成年后也会对自己的下一代指责和打骂。班都拉也提出了“观察学习理论”，他的社会示范作用实验也证明，孩子通过对攻击行为的观察和模仿，可以很快学会并且发挥这种攻击行为。

个体心理学创始人阿尔弗雷德·阿德勒博士认为，人类的所有行为都是出于“自卑感”以及对于“自卑感”的克服和超越。我们认为自己的习惯是坏习惯，并希望改正它也是这个原因。人具有寻求优越的动机，使自卑感得到补偿。

我小时候就有过这样的经历。在我上小学时，父母把原本在农村生活的爷爷接到身边一起住。我的爷爷是个很好的人，当然，他也有一些不好的习惯。比如，他每次擤鼻涕都是用手擤了鼻涕后就往鞋子上一擦了事。我那时还小，看到爷爷这么做，也就跟着学。

后来，我有一次感冒了。在课堂上时，我就不停地擤鼻涕，擤下的鼻涕就往鞋子上一抹,这一幕恰巧被旁边的同学看到了。

结果，我受到了全班的嘲笑，当时的我羞愧得恨不得找个地洞钻进去。从那以后,我的口袋里永远会放上几张卫生纸(现在换成了面巾纸），这成了我的习惯。

每个人的行动都有一个确定的目标，童年时期的成长环境给其留下的影响与印象，决定了这一目标。这些影响与印象会在成长期间迅速推动幼小的个体确定自己的人生态度，建立独特的行为方式。我通过模仿别人，重复错误的行为而养成了坏习惯，又因为对“自卑感”的克服和超越而改掉了这个习惯，并养成了随身带面巾纸的习惯。

这仅仅是模仿加上重复错误的行为产生的坏习惯，如果再加上天性的放纵，这样形成的坏习惯更难以改变。如果父母比较懒惰或者做事比较拖拉，那么，往往子女的身上也会有这样的情况，他们在日常的行为习惯上也会比较懒惰和拖延。有部分研究者认为，一般说来，婴儿阶段便已展现出了成年后的重要性格特征。孩子在 1 ~ 3 岁通过模仿所形成的习惯会伴随人的一生。

父母（模型）的不良示范作用例子：

· 父母惯于振振有词（孩子易强词夺理）

· 父母对于孩子的偶然“吃亏”极为愤怒，穷追不舍（孩子易以自我为中心和偏执）

· 父母占了便宜就沾沾自喜（孩子易自私）

· 父母说谎或用谎言搪塞孩子（孩子易说谎）

· 父母总是担心孩子（孩子易胆怯）

· 父母遇事总迁怒于孩子（孩子易冲动）

· 孩子摔跤，父母责怪地不平，咒骂养路工人（孩子易无责任感）

· 父母喜欢打麻将（孩子易不爱学习）

的确如此。但这也造成了一种误会：认为是父母和遗传塑造了一个人的人格与习惯。实际上，人类心灵受到影响并产生的种种反应不是绝对的，也不是永不改变的，明白这一点很重要。也就是说，不要把任何心灵反应当成最后的确定答案，因为其只是一种不完全、暂时性的反应。牛津大学动物学博士马特・里德利在他的《先天后天》一书中说道，人类个体发育既不完全是由先天基因决定,也不是完全由后天环境或经验决定,而是由先天和后天协同作用的结果。

实际上，后天环境对人的习惯的形成与影响同样十分巨大。社会在每个人确定自己的目标时，发挥着极大的作用。精神分析疗法认为，社会对孩子做出了各种各样的约束，让其在探索过程中找到一种理想状态——掌握足以适应人生的能力，又不让自己的生命安全受到任何威胁。也许孩子在幼小的时候，便已清楚了解现实中的安全到底要达到何种程度，才能算是真正的安全。此处的安全是在最佳环境中保障人类的生存，这是一种更具普遍意义的安全系数，跟操纵设计优良的机器时谈到的“安全系数”是相同的，跟一般所说的逃避危险却是两回事。这种安全系数在孩子内心，远在其应对平时的生活、毫无阻碍地长大所需的安全之上。孩子的心灵由此将出现想掌控别人、超越别人的意愿，这是一种此前未曾出现过的活动。孩子也跟成人一样，想大大超越一切竞争者。在孩子看来，优越感能帮自己实现一早便制定好的两个目标：一是获得安全感，二是证实自己有足够强的适应能力。所以，他们会想方设法获得优越感。这种强烈的目标会很自然地在其心底激起不安情绪，这种情绪一定会随着时间的推移而不断增强。

这种对优越感的追求，会让我们形成好习惯，也会让我们形成坏习惯。假设当前有紧急状况，孩子要马上做出确定的反应。如果孩子没有信心战胜困难，他们就会尽量逃避，并为自己解释、编造种种理由，此举正好彰显了他们对成功与优越感潜藏的欲望。他们在之后遭遇这种状况时，直接的反应通常也是逃避问题。一旦孩子形成了这样的思维模式，那么，在他的日常生活行为中，就会形成很多以逃避为目的的行为习惯。

豆豆就是这样。每周学校都会要求学生写一篇周记，偏偏豆豆的语文很差，每次他写作文都要绞尽脑汁，最后写出来的作文依旧惨不忍睹。在被老师和父母鄙视了无数次后，逃避痛苦的心理导致他每周总是把“写周记”放在最后，等其他作业都做完以后，在周日的晚上无法躲避的情况下，他才会去写周记。无论父母和老师怎么劝他，他还是会雷打不动地把这个周记放到最后才去写。

成人也是一样。根据调查研究发现，20% 的成年人及 80%~95% 的大学生在面临辛苦的选项与逃避的选项时，会习惯性地倾向于选择更安逸的那一个。

可以看出，表面上，坏习惯是一种行为，而行为习惯来自心理动机。心态跟人们看待问题的方式关联紧密，不同心态的人会以不同的方式看待问题，并采取不同的行为习惯来应对问题。

我们来看看熬夜这个非常常见的坏习惯，并对它做个简单的分析。

“报复性熬夜”是现在出现的一个新词。意思是说，如果白天时间被别人占用得多了，晚上就报复性熬夜不睡觉！即便没有什么事情做，也要看看手机、看看八卦新闻，强撑着困意不愿睡去。其实对“报复性熬夜”的人来说，这是一天当中最后一道仪式感，是无比珍贵的心灵港湾。

我们的身体和灵魂在嘈杂喧闹的人世间疲惫地挣扎了一天，可以说身心俱疲。好不容易到了晚上，下班了，做完饭、刷完碗，还要陪孩子做游戏或辅导作业，最后把孩子洗漱送上床，逼着他睡去，再看一眼表，竟然已经十点多了。这时，我们最想要的是什么？只想一个人躲起来,远离这个现实的世界。可是，哪里又有“净土”呢？于是，我们只能上床躲进被窝里，以一种四仰八叉的体位，佯装看书充实自己，或者心不在焉地追两集落下了好几周的美剧，跟流逝的表针死磕到凌晨以后，才感觉自己是自己。

你说熬夜伤身，谁不知道呢？大家也清楚，熬完夜，迎接自己的是第二天更严重的疲惫困倦以及皮肤老化、黑眼圈……

在心理学上，“报复性熬夜”的爽感，其实来自一种“补偿心理”，属于自我防御机制的一种。人本主义心理学先驱、个体心理学的创始人阿尔弗雷德·阿德勒说：“当人们因生理或心理问题感到抑制，便会不自觉用其他方式（或在其他领域）来弥补这种缺憾，缓解焦虑，减轻内心的不安。”

还记得我前面说的电影《革命之路》吗？我们大多数人一天不过是上班、下班、吃饭、睡觉，生活就像《尤利西斯》所描写的那样晦涩凌乱，只是无穷无尽的空虚和徒劳。那么，留给自己一个人的时间便少得可怜。说白了，也就只剩晚上睡觉时那万籁俱寂的几个小时罢了。当我们意识到了这一点之后，为了“补偿”我们的内心，我们便容易疯狂熬夜，希望通过熬夜弥补这一天的遗憾，对生活表达一种无声的反抗或不满。

在《神经科学》期刊上有这么一篇文章：通过正电子发射断层成像技术研究同一组志愿者在短期熬夜和规律睡眠后的脑功能情况，采用了放射性标定中枢多巴胺 D2 受体特异性拮抗剂的方法，得到了这样的结论——短期熬夜后，人脑中的多巴胺 D2 受体特异性拮抗剂和多巴胺受体的结合降低。也就意味着，如果多巴胺受体在没有因外在条件而减少的情况下，短期熬夜后多巴胺水平会增加，人就会觉得爽。

所以，我知道熬夜很不好，但是我就要这么做。

因此，要想彻底改变坏习惯，我们不能仅仅从日常行为上找方法，更应该从心理上看清其本质。从根上了解其成因，才能做到有的放矢地对坏习惯进行改变。

替换，而不是抹去

一个钉子挤掉另一个钉子，习惯要由习惯来取代。

——伊拉斯谟

人们常说，习惯很难根除。其实，这种说法并不准确。习惯不可能根除，只能够被替换。换句话说，你只能够替换，而不是抹去一个坏习惯。替换，而非抹去，二者之间的区别很重要！

为什么是替换，而不是抹去呢？因为习惯其外在表现就是一种行为。比如刷牙，坏习惯是随便刷几下就结束了。如果我们要让这种坏习惯变好，我们要做的不是压抑、停止或消除，而是尝试用积极的良好的行为去替代它。抹去就只能是再也不刷牙了，那比草草了事地刷牙更糟糕。所以，我们用一种好的行为模式去替换坏的行为模式，这样才能消除之前坏的刷牙习惯带给我们的口腔危害。

因此，我们在着手改掉坏习惯之前，必须仔细地思考究竟应该选取哪些好习惯来替换它们。

如果你有目的地选取了好习惯去取代坏习惯，那么，改掉坏习惯将变得容易许多。以戒烟为例，我有一个朋友就是用嗑瓜子的方式来取代吸烟。当他每次受到烟草的诱惑时，便强迫自己嗑几颗瓜子。虽然他现在已经戒烟了，而且也用不着嗑瓜子了，但在戒烟的早期，很长一段时间里，他都需要借助瓜子来让自己忘掉想吸烟的冲动。

我的另一个朋友，他的坏习惯则是晚上要躺在床上看着电视入睡。为了改掉这个坏习惯，他决定用看书取代看电视，直到自己睡意袭来后入睡。这无疑又一次验证，有目的地选择新习惯来取代旧习惯，将极大地提高改掉坏习惯的可能性。

反之，有目的地培养和构建某种好习惯，将有助于我们认识自己，同时也是在取代其他坏习惯。例如，你希望每天早晨起床后自己能先收拾床铺，那么你一定意识到了，其实你每天起床后所做的第一件事情是别的事情。再比如说，你希望自己养成积极倾听的习惯，那么你必然已经意识到，你以往没有积极地倾听别人的习惯。而不善于倾听可能意味着，你的思维总是被自己要说的下一句话占据，而无法去思考他人正在说的话。如此一来，你必然会错过别人试图与你沟通的许多信息，因为你总是在想你应该如何回答。导致你不善于积极倾听的原因，也可能是你在与他人谈话时，总是习惯性地把思绪转到其他你必须完成的事情上了。

准确地辨明我们需要替换的习惯，就可以更有把握地着手实施。这一点很关键！要知道，如果你还不了解你的坏习惯到底是什么的时候，又谈何改掉它呢！一旦清晰界定了坏习惯，那么，我们用好习惯替换它们的可能性将大大增加。

· 如果你喜欢咬指甲，可以用嚼口香糖来代替

· 如果你喜欢弄响自己的手指关节，可以在手里拿些东西或者随手涂鸦

· 多尝试一些替代性的活动，因为没人知道哪个活动真正适合你

看到这里，请你一定要花几分钟时间，拿出一张白纸，在上面列举几个自己希望替换的坏习惯，以及替换这些坏习惯的好习惯（越详细越好）。我们明确了希望养成的好习惯，以及希望改掉的坏习惯之后，就能充分理解如何改变坏习惯了，这一点很关键。

当然，有时候对应关系并非如此，当你已有的坏习惯实在找不到一个好习惯来替换的时候，说明你需要学习新技能了，需要学习更多的东西去帮助自己了。

03

PART 3

没有改不掉的坏习惯

一个人不能去掉他的坏习惯，那简直一文不值。

——奥斯特洛夫斯基

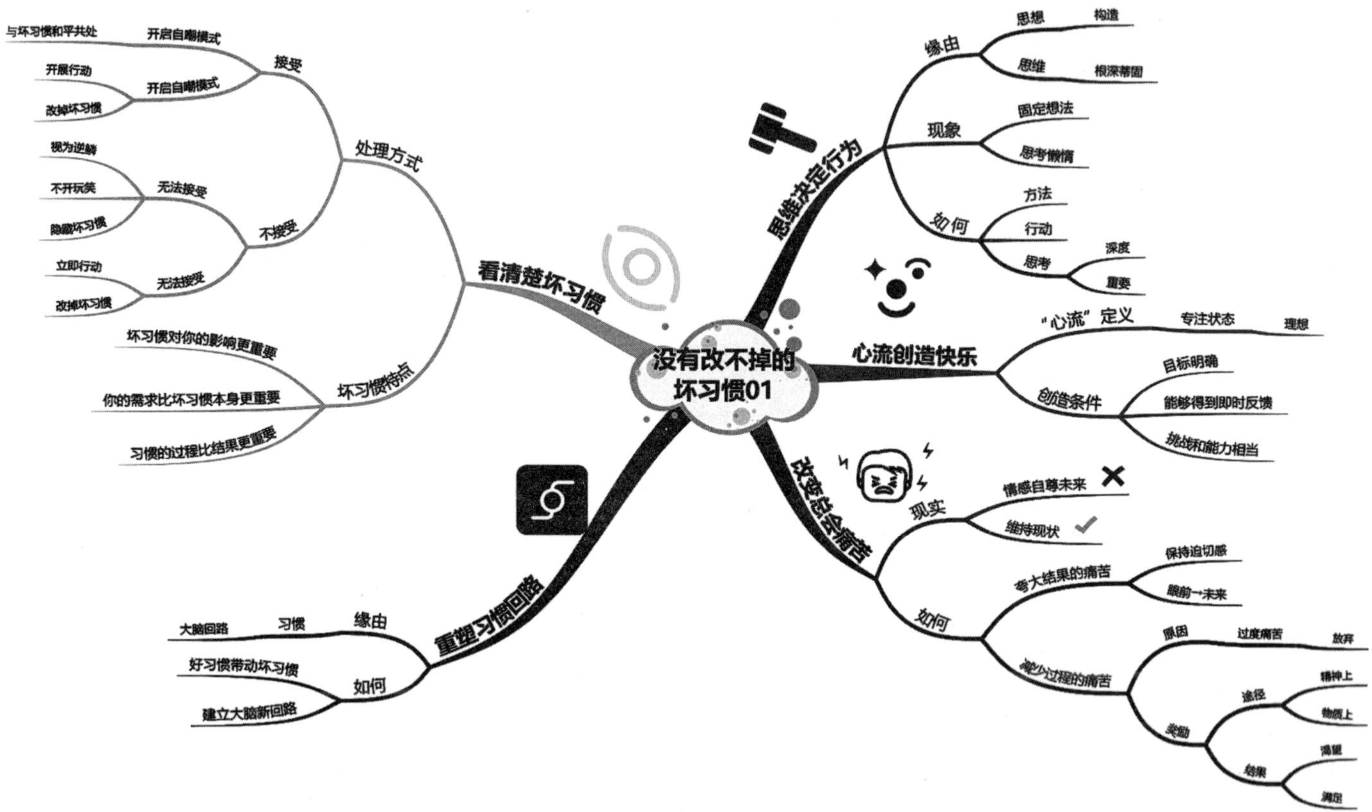
没有改不掉的坏习惯01
思维决定行为
缘由
思想
构造
思维
根深蒂固
现象
固定想法
思考懒惰
如何
方法
行动
思考
深度
重要
心流创造快乐
"心流"定义
专注状态
理想
创造条件
目标明确
能够得到即时反馈
挑战和能力相当
改变总会痛苦
现实
情感自尊未来
维持现状
如何
夸大结果的痛苦
保持迫切感
眼前→未来
减少过程的痛苦
原因
过度痛苦
放弃
奖励
途径
精神上
物质上
结果
渴望
满足
重塑习惯回路
缘由
习惯
大脑回路
如何
好习惯带动坏习惯
建立大脑新回路
看清楚坏习惯
处理方式
接受
开启自嘲模式
与坏习惯和平共处
开启自嘲模式
开展行动
改掉坏习惯
不接受
无法接受
视为逆鳞
不开玩笑
隐藏坏习惯
无法接受
立即行动
改掉坏习惯
坏习惯特点
坏习惯对你的影响更重要
你的需求比坏习惯本身更重要
习惯的过程比结果更重要

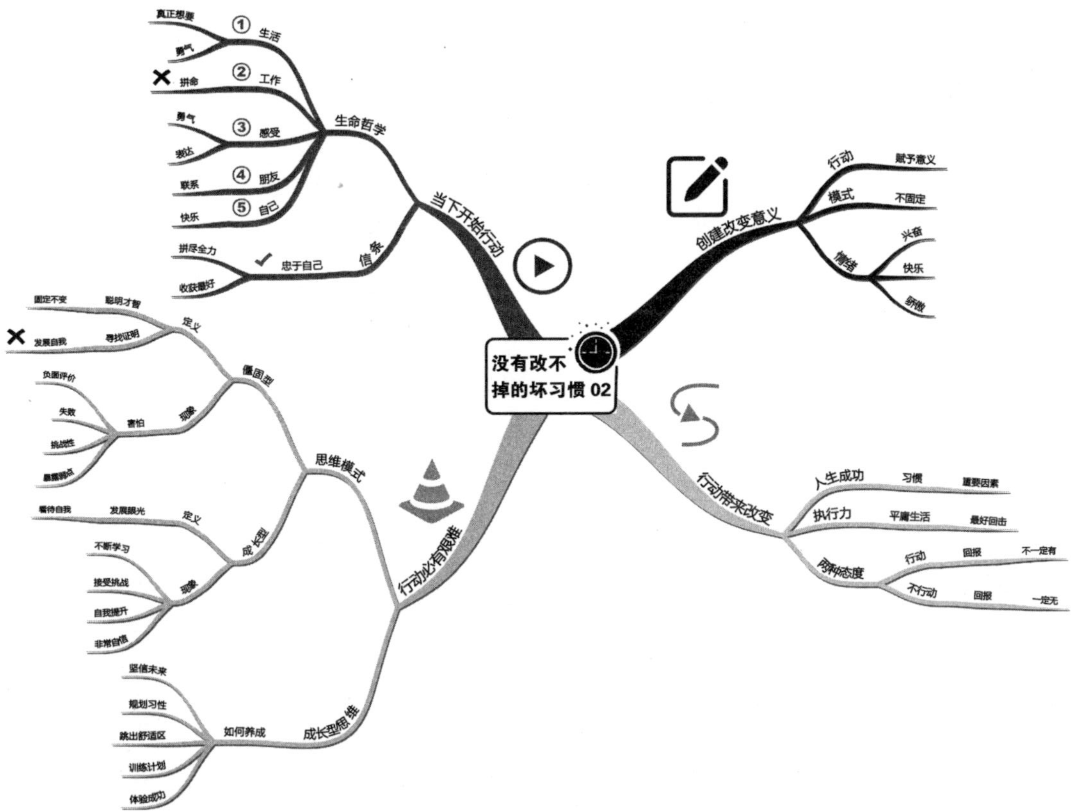

没有改不掉的坏习惯 02
当下开始行动
生命哲学
① 生活
真正想要
勇气
② 工作
拼命
③ 感受
勇气
表达
④ 朋友
联系
⑤ 自己
快乐
信条
忠于自己
拼尽全力
收获最好
创建改变意义
行动
赋予意义
模式
不固定
情绪
兴奋
快乐
骄傲
行动必有艰难
思维模式
僵固型
定义
聪明才智
固定不变
寻找证明
发展自我
现象
害怕
负面评价
失败
挑战性
暴露弱点
成长型
定义
发展眼光
看待自我
现象
不断学习
接受挑战
自我提升
非常自信
成长型思维
如何养成
坚信未来
规划习性
跳出舒适区
训练计划
体验成功
行动带来改变
人生成功
习惯
重要因素
执行力
平庸生活
最好回击
两种态度
行动
回报
不一定有
不行动
回报
一定无

思维决定行为

人和人最大的差距，不在于金钱和资源，而在于思维和格局上。

——田志刚

每个人都知道习惯的重要性，但却不知道如何培养习惯，又或是在面对生活及事业的瓶颈时无能为力。习惯的力量是惊人的，习惯能载着你走向成功，也能驮着你滑向失败。要走向成功就要养成好习惯，改掉坏习惯。那么，怎样养成好习惯？如何改掉坏习惯呢？

人都是趋利避害的，如果你经常能从一个行为中得到益处，你肯定愿意长期持续它。好习惯和坏习惯的区别在于趋的“利”是长久的利益还是眼下的利益。抓住这个关键，改掉一个坏习惯其实并不难，并不像很多人以为的需要多强大的自律精神和意志力。我们需要的是你愿意去改变的决心和好的行之有效的方法。

如果我们的身体处于亚健康时，我们需要锻炼身体。如果我们的心理处于亚健康时，我们需要培养思维。我们之所以会有坏习惯，是因为我们在坏习惯刚刚出现时并没有正视和重视它，以至于它留存下来，最终成了我们的坏习惯。所以，在你想改掉自己的坏习惯的时候，你要做的第一件事不是急急忙忙地找到一个改变坏习惯的方法，然后急匆匆地去改。史蒂芬·柯维说："真正的改变是由内而外的。对于态度与习惯，光砍枝去叶并不能有所改变，要的是凿向它们的根部——我们思想的构造和根深蒂固的思维定式决定了我们的个性和我们观察世界的镜头。"

人称"幸福教授"的哈佛大学社会心理学家吉尔伯特在他的《幸福课》上曾做过这样一个游戏，他请一位大学生上台来，在黑板上画了一个圆。那个圆画得很圆。然后，吉尔伯特让他模拟自己三岁时候的样子再画一个圆，大学生又画了一个，这次画得就很不规整，像一个椭圆。吉尔伯特又让他模拟自己一岁时的情景，再画一个圆。这次大学生画出来的就是几个杂乱的环。

我对这个游戏很感兴趣，在我家的两个小家伙身上也实验了一下。后来，我也实验了一下，发现当我对自己说，画一个圆，我实际上画出来的和豆豆画出来的很相似，基本上是一个正圆，也就是说，这个圆的中心点到各个边的半径都差不多。

为什么会这样？因为从小到大，我们每个人受到的教育就是这么教我们的，所谓的圆就应该是如图 3–1 所示的这样的。

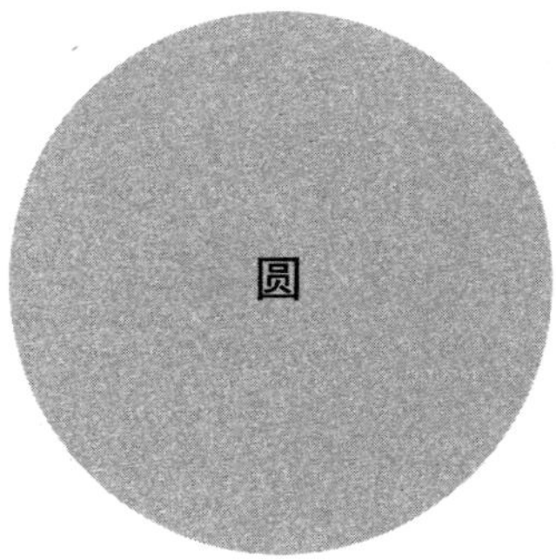

图 3–1　基础数学定义的圆

是的，基础数学定义的圆就是这样，圆是轴对称、中心对称图形。所以，我们的大脑就存储下了这样的标签：“看，这就是圆。如果你要画圆，就应该画成这样。”

但事实上，世界上没有真正的圆，圆实际上只是概念性的图形。圆是“正无限多边形”，而“无限”只是一个概念。当多边形的边数越多时，其形状、周长、面积就都越接近于圆。

如果把圆在显微镜下放大 N 倍，它应该如图 3–2 所示的这样。

图 3–2　显微镜下的圆

因此，广义上来说，闭环的图形都可以称为圆。扁圆、椭圆等都是圆。我们之所以只认为图 3–1 中的圆才是圆，是因为我们已经形成了这样的思维定式。我发现一个人在某个问题上的想法越是固定，他对这个问题就越容易养成思考惰性，因为他已经对这种思考方式和想法产生路径依赖了。

事实上，在现实生活中，思维定式和依附心态已经使得大多数人成了自己的问题的围观者。面对坏习惯，很多人早已经习以为常，如果没有人来教自己该怎么做，那他们就会日复一日地与自己的问题共存。并且，虽然有很多人每天都在为自己的坏习惯所带来的问题和麻烦而感到焦虑不已，但是，他们并不会真的去思考自己到底存在什么问题以及该怎么解决问题。很多人宁可等待别人来给出解决的办法，看看这个怎么说，看看那个怎么说，就是不愿意自己去思考、去分析、去尝试。

所以，在你试图想改掉你的坏习惯的时候，比方法和行动更重要的是深度思考。是的，深度思考比勤奋更重要，我认为思维决定了一个人的认知水平和解决问题的能力。生活即是道场！我们改变坏习惯的整个过程就是对自己心灵的修炼，所以，在你去学习改掉坏习惯的方法前，你需要认真地思考，看清楚你的坏习惯，了解它、解剖它、分析它，重新塑造你对它的认知与看法。随后，复杂就会变得简单。因此，接下来请先不要急着找改掉坏习惯的方法，请你先跟着我一起去看看坏习惯的特性以及为什么我们总是难以改变它。

还有一些读者会说，这些事我还用你说？我就想知道该怎么办！

可是，他们真的知道自己的坏习惯吗？我看未必。很多人看到的，仅仅是坏习惯给自己带来的某种坏处，这种坏处让自己某方面受到了损失而已。

有人说："我有熬夜的坏习惯，请告诉我有什么方法能让我不熬夜。我喜欢在睡觉时用手机看韩剧，总是看晚了。"

“我到网上搜了，有一种方法是用看书代替看手机。但我喜欢看韩剧，书我看不进去，你还有什么好方法吗？”

“有朋友告诉我，睡觉前把手机放到很远的地方就行了。但我总是忍不住又下床去重新拿回来，你还有什么好方法吗？”

我问他：“你为什么喜欢看韩剧？你为什么是在睡觉的时候看韩剧？喜欢看美剧不？”

“这和我熬夜有什么关系？你只要告诉我有什么办法可以改掉熬夜的坏习惯就行！”

他们总是在还没搞清楚自己的坏习惯之前，就迫切地想要方法来解决这个坏习惯带给他们的麻烦。但是，我不是医生，如果你是生理上出现了病症，比如你感冒了，医生可以根据你描述的症状给你开药吃。但是，在心理咨询和精神类治疗上，没有药可以解决人的心理问题，心理医生更多的也只是引导、辅助病患改变，从而达到自愈的目的。

我们每个人的坏习惯并不是一种生理疾病，它是我们大脑控制自己的某种行为或思维模式。没有一种方法是解决坏习惯的灵丹妙药，也不是别人一出手就可以解决掉你的坏习惯。你的坏习惯，你只能靠自己去解决掉它。

在我做咨询的时候，也有很多类似的情况：

有人总是把自己的情况简单地说一下，然后两手一摊，问我该怎么办！他们总是懒得思考，只是等待那个见义勇为的人伸出援手。如果没有人伸出援手，那他们宁可在原地等待。还记得墨菲定律[①]吗？如果我们放任坏习惯继续下去，它只会越来越糟。而这些人都是在期盼一种能够万试万灵的方法，但是，他们对自己存在或是面临的问题一无所知或是认识不清。最糟糕的是，他们懒得去想。

坏习惯的根结在哪里都不知道，你的办法能对症吗？这就是为什么好多人建议和方法找了一大堆，但是却毫无用处。

所以，在接下来的章节中，我会带你重新看一看你的思维和坏习惯。你需要看清楚你的坏习惯，改变你的思维和提升你对坏习惯的认知，再运用你重新塑造后的思维去操控你的行为来做出改变。

最后要提醒的一点就是，任何事情过犹不及都是不好的。在改变坏习惯之前，我们需要做到知己知彼，看清楚自己和自己的坏习惯。但又不能永远停留在看和想的阶段，总是想得太多只能是耗费时间。边思考，边行动，永远不要等着准备好了再去做，机会是不等人的，边学边做才是最快的成长方法。只有在实践中不断反思，你的思考才会更有价值。

① 墨菲定律是一种心理学效应，由爱德华·墨菲（Edward A. Murphy）提出的，亦称墨菲法则、墨菲定理。墨菲定律的原句是：如果有两种或两种以上的方式去做某件事情，而其中一种选择方式将导致灾难，则必定有人会做出这种选择。根本内容是：如果事情有变坏的可能，不管这种可能性有多小，它总会发生。

看清楚坏习惯

我们不必从外面拿什么东西给一个人，只需把那个暗藏在体内的固有的东西揭露出来，并重视每个个别的因素就够了。

——夸美纽斯

前不久，我和几个伙伴们在一起闲聊。有一个人说，面对坏习惯，我们应该坦然接受并改变它。虽然我们都认同这样的做法，但在实际中并没有这么简单。面对同样的生活，人们的态度是不同的。同样的，面对同样的坏习惯，人们的态度、处理方式也是不同的。

后来，我们谈论了面对坏习惯不同的处理方式（如图 3–3 所示）。

面对坏习惯，处理方式不外乎接受和不接受、改变和不改变。几年前，我听了周士渊老师的演讲，他的故事很特别。我们来看看他是怎么面对坏习惯的。

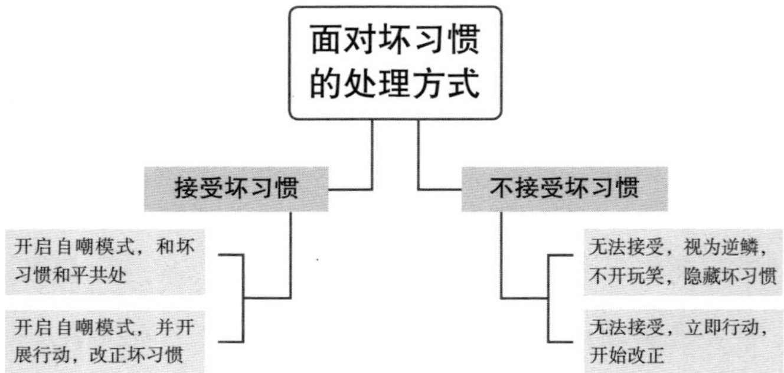

图 3–3 面对坏习惯的处理方式

周士渊老师在演讲中感慨地说：“人普遍的弱点是什么？知而不行。第二点是什么？行而不恒。但是后来发现在习惯上下功夫，人的本质完全变了，没有想到习惯使我在方方面面发生了改变，好像奇迹产生了一样。”20 年来，他先后养成了 168 种习惯。

60 岁，他能做到像 20 岁的年轻人那样劈叉。

67 岁，以前学俄语的他学会了一口流利的英语。

2006 年，他被评为十大金口才之首。

周士渊老师说，这一切都归功于习惯的力量。人怎么才能成长？就是在习惯上面下功夫。知而必行，行而必恒，恒而必达。养成好习惯，我们可以征服很多难题。改变才是正确的，为什么很多人不想改变？因为我们没有耐心，没有毅力。如果面对自己的坏习惯，我们听之任之，会怎么样？

有一部黑色幽默动画短片《坠楼》（*In the fall*），用 100 秒的时间给我们讲述了一个令人震撼的人生倒计时的故事。一个中年男子在楼上浇花，不小心从楼上掉下来，在这危急时刻，他却开始回忆起他的一生，从多姿多彩的童年、青年逐渐到了后来单调乏味、日复一日地工作，每天就是坐在办公桌前埋头工作，旁边的日历在飞快地一天天、一月月、一年年地翻过去，人也在不断地变老，唯一不变的就是办公桌和手上的工作。这么单调的日子继续下去又会如何呢？在接触地面的最后一刻，他忽然释然了。

看上去很可怕，我们的一生竟然如此乏善可陈。而事实上，在现实生活中，大多数人就是这样过着单调乏味、循规蹈矩的生活，直到死去……“死于 25 岁，葬于 75 岁。”这是美国著名科学家富兰克林的一句名言。这里所谓的“死”，是指激情的褪去、梦想的幻灭、精神的死去。你的人生也会是这样的吗？

是的，对于我们每个人来说，有一件事是真的：有一天我们会走向死亡。但有一件事是假的：你只能活一次。如果你抱着你以前的那些坏习惯始终不变，生活会固化你的思维，让你习惯你现在的生活。但如果你改变它，你就会开启新的人生。

前面我们说过，人的习惯其外在表现是一个人的行为，而内在则是一个人的思维模式，我们也可以称为心智模式。在你想改变自己的坏习惯，开启新的人生之前，你要看清自己的坏习惯的本质是什么，找到坏习惯的根源，就需要先搞清楚你的心智模式。

在这个世界上，面对每一件事物，不同人的看法是不同的。比如一个圆柱体，从上看是圆形，从侧看是正方形，由于每个人看待事物的角度、思维方式、赋予的意义都会有所不同，因此，我们的理解也会不一样。理解不一样，解决问题的办法当然就会不同。对此，神经语言程序学[①]把人们对一件事情的理解，分成了六个不同的层次（如图 3–4 所示），而这个层次是有高低之分的。如果你用低维度的视角去看这个问题的时候，会感觉它无法解决。但当你站在更高的一个维度去看它，它也许就变成了一个很简单的问题，甚至连问题本身也消失了。理解层次越高的人，解决问题的能力也就越强。就像古时候，为

① NLP（神经语言程序学）：由理查德·班德勒和约翰·格林德在 1976 年创办的一门学问，就是我们用语言来改变身心状态的具体方法。

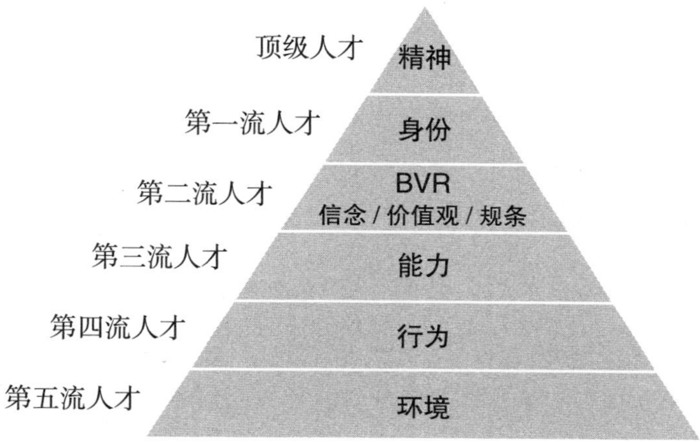

图 3-4　不同层级人的思维模式

了解决跑得快的问题，大家都在寻找更快的马，但当汽车被发明出来后，这个问题就不存在了。

理解事情的最底层是“环境”。什么是环境？就是除你自己之外的一切都算是环境：你身边的人——你的领导、同事；你的公司；你的竞争对手；市场环境；天气；大众舆论……处在这个理解层次的人，当问题发生时，他首先会把问题归结成“因为环境不好”而产生的问题。

有一家公司最近就出了这样的事情，公司的电脑使用了很多年，日常使用中的运行速度都比较慢。有一些员工就天天抱怨，在领导面前说因为电脑的缘故，导致工作效率低、进展慢等。最近公司特地向上级申请了几台新电脑，给几个数据处理量大和嚷嚷最多的员工换了新电脑（实际上他们的电脑并不是所有员工中最差的）。

结果，不久之后，有几个换了新电脑的员工又反映新电脑不好用，问有没有更好的电脑可以换。当时负责分配电脑的人开玩笑地说："来，我们换换。我的旧电脑还不错。"那些反映新电脑不好用的人立刻不说话了。其实，真实情况是，旧的电脑有 ABCD 四个等级，其中 A 等级最好，D 等级最差。换了新电脑的员工之前用的旧电脑大部分是 A 等级或 B 等级。而没有能换上新电脑的员工中有几个员工因为懂电脑，对自己的电脑进行了优化，虽然使用的是 C 等级或 D 等级电脑，却比那些抱怨最多的使用 A 等级或 B 等级电脑的员工用得更好更快。

豆豆也常说，放学后在补习班做作业不好，那里有其他学生在上课，太吵了（实质是有老师盯着，他没法放松）。很多人也会这么说"工作不顺利，是因为领导是个蠢蛋""没有晋升机会，是因为公司的潜规则严重"等诸如此类的。总之，发生了现在这个困局，不是我的问题，是别人的问题，是公司的问题，是运气的问题等，都是我命不好，反正就不是我的问题。

这一类人，因为其思维模式处于“环境层”，他们对世界的理解被死死地困在了这个层次，他们的日常行为最多的就是抱怨，怨天尤人。并不是他们想抱怨，而是在他们眼里，除了看到环境之外，再也无法看到其他的了。而这一类人，往往是拥有最多坏习惯且最不愿意改变的人。他们能想到的最好办法，也就只能是换个更好的环境了。因为，除了外部环境外，他们从未真正认真地审视过内在的自己。

如果你想要做出一点改变，那么只有两个选择：要么改变世界，要么改变自己。在大多数情况下，我们是很难或者无法改变环境的。那么，与其抱怨，不如用行动来改变自己。特别是我们身上的坏习惯，它是我们自身的行为表现。一个人如果要想改变自己的坏习惯，首先就要把自己的思维层次从最底层的“环境层”提升到上一层的“行为层”。在第二个层次“行为层”里，“环境”的问题就变得不是那么重要了，要解决问题，你就会从“行为”这个层面去寻找解决办法，看看还有什么事情是可以去做、去改变的。

不行动起来，我们的坏习惯和不好的生活是不可能改善并逐步走向美好的。因此，一个人要想改变坏习惯，请先看看你的思维模式是不是在最底层的“环境层”。如果是，那么请先改变自己的思维模式，不然，你是不可能改变自己的坏习惯，提高自己的人生的。

所以，要想改掉自己的坏习惯，第一件要做的事情就是心智模式的改变，先掌控自己的思想（如图 3–5 所示）。因为如果你不能掌控自己的思想，你就不会审视自己，不会想了解、思考和分析自己的问题，不会剖析自己的坏习惯从产生到习以为常的根由。你只会把一切归根于外在的不好，把注意力放在外部环境。那么，最终除了抱怨，你什么都做不了，也不知道该怎么做了。

图 3–5　改变坏习惯先从掌控思想开始

- 只有掌控了自己的思想，我们才能左右我们的行为。
- 只有改变了我们的行为，我们才能改变我们的生活。
- 只有改变了我们的生活，我们才能创造我们的幸福。

周濂在他的《你永远都无法叫醒一个装睡的人》一书中说道："我曾经一度认定，没有人可以仅凭一己之力站立，每个人都在寻找那个可以用尽全身气力去拥抱的对象，并且希望这个拥抱可以让自己变得安全、强大甚至完满。但是随着年龄的增长，我越来越认同昂山素季的这个说法：'真正的改变是通过理解、同情、正义、爱心后的内在变化。'只有经历了如此这般的内在变化，你才会和自己停战，才能够学会'不自负、不迟疑、也不骄慢'地与世界媾和。小至个体，大到国家，概莫能外。"

我们总习惯问别人很多问题，指责别人的错误和不好，所以，我们的眼睛一直在朝外看。其实，我们不妨改变一下策略，多问自己几个问题，对自己做一次诚实地检阅。比如：我最近一次犯错是什么时候？因为什么？别人纠正我错误的时候，我有为自己辩护吗？通过把视线向内，审视自己在责任面前的每一个举动，借以修正自己。

现在，请你合上书，闭上眼睛，用你的大脑看看你的心。问问自己，你想掌控自己的人生吗？如果你的回答是肯定的，那么恭喜你已经迈出了第一步。当然，在做出改变坏习惯的行动之前，我们还需要了解一下坏习惯的几个特点。

坏习惯对你的影响更重要

罗马帝国时代最伟大的哲学家普罗提诺说："人一半是天使，一半是魔鬼。"意思是说："天使"在人心中，"魔鬼"也在人心中。是的，我们的身体里总是存在着两种对立的思想和意识。如果把我们的身体比成一个王国的话，那么，在这个王国的朝廷（大脑）里面有奸臣，也有忠臣。身为国王的我们，统治着这些大臣。

如果你喜欢历史的话，就会发现一个有趣的现象，在历史上，无论哪个朝代，帝王都喜欢会拍马屁的佞臣，而不喜欢忠言逆耳的诤臣。因为帝王也是人，是人就喜欢听好话。同样地，当我们对一个坏习惯习以为常后，如果我们想改变它，在刚开始的时候，作为忠臣的赞同者总是占少数的，他们会苦口婆心地向我们的大脑不断地述说着改变的好处，而这时占多数的是不愿意我们改变坏习惯的佞臣。而且，反对者是喜欢顺着帝王来说话的。这时，反对者对我们的影响更大。但是，随着我们改变坏习惯的意志和行动越来越坚决，佞臣就会发生分裂，一部分佞臣会为了讨好帝王转而支持改变。如果这时身为帝王的我们越来越倾向于改变，那么，转而支持改变的大臣就会越来越多，反对者将越来越少（如图 3–6 所示）。我们就会从刚开始改变坏习惯的无比艰难变得越到后面越轻松。坏习惯的转变过程就是这样。无论“天使”还是“魔鬼”，虽然它们无时无刻都在影响着我们，但最终它们都听从着我们的意志，受我们内心的驱动。

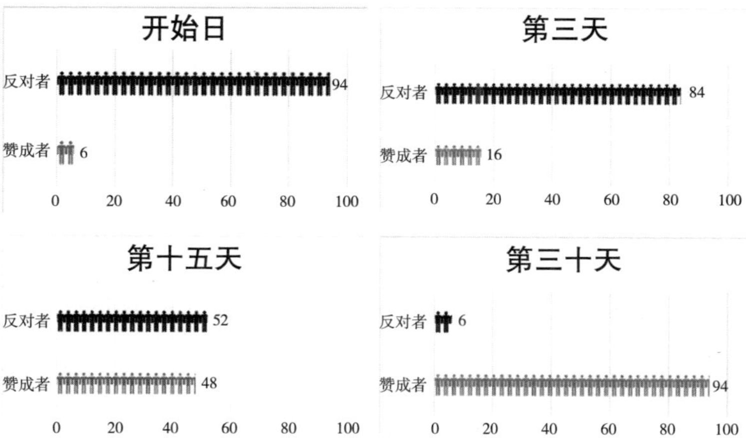

图 3–6 支持者的人数随着时间的流逝在逐步增加

这就是为什么当你想改变一个坏习惯时，刚开始是最难熬的时候。所以在刚开始改变坏习惯的时候，我们一定要下最大的决心，用你能用到的最大的意志力和最强的行动去改变。一旦度过了最开始的阶段，后面就会越来越好了。

不仅仅是在改变的初始阶段坏习惯对你的影响更大，在养成习惯上，养成一个坏习惯远比养成一个好习惯更容易，而由好习惯变成坏习惯远比坏习惯变成好习惯更容易。这个我们已经在前面说过了，这里便不再啰唆了。

你的需求比坏习惯本身更重要

我们之所以有坏的习惯并会长期使用它，是因为坏习惯虽然从长远来说不好，但它能满足我们当下的某种需求和欲望。所以，如果想改掉坏习惯，那么，我们必须用其他方式来填补这个需求，来替换掉这个需求，这样的话，我们就可以改掉坏习惯了。

以前面说到的“报复性熬夜”为例，对有“报复性熬夜”的人来说，这是一天中最后一项具有仪式感的内容，是无比珍贵的心灵港湾。人们通过这种方式来缓解焦虑，减轻内心的不安。

很明显，我们之所以熬夜，不是因为我们喜欢熬夜，我们的目的仅仅是想让自己的心灵放松罢了，只不过采用了错误的方式来放松。找到了熬夜的原因，又不想继续熬夜导致第二天疲惫不堪，那么，我们换一种方式让自己放松就好了。我也有过“报复性熬夜”的坏习惯，上床后总想看一会儿手机。一般我是 11 点前就上床了，但往往要到 12 点以后才会放下手机。因此，第二天我总是无精打采，时间长了，脸上的皮肤也变得很差，双眼长期红肿，整个人完全没有精神。于是，我换了一种让自己放松的方式。每天中午我有一段午休的时间，大约 1 个小时。我会早早地吃完午餐，然后一个人躺到自己的车里听一段相声或看一段小说，让自己放松 10 ~ 20 分钟，再小睡一会儿。

当然，有时候我们还需要加上其他方法一起来战胜熬夜这个坏习惯，这个我们后面再说。

看，知道了坏习惯的这个特性，我们要改变它就需要采取相应的对策。只要有其他的方式可以满足我们的渴望，坏习惯将不再那么难改了。

习惯的过程比结果更重要

在习惯的改变上，什么是结果？不过是改掉了一个坏习惯，或者是改掉一个坏习惯后还拥有了一个好习惯。什么是过程？前面已经多次说过，习惯是一种行为。改变坏习惯的过程，就是重新建立和塑造一种新的思维和新的行为的过程。当我们改变坏习惯时，把你的关注点放到行动过程上，以过程为导向，积极关注自己在过程中取得的成果：学习到的东西，获得的成长。这种行为可能是一套动作，也可能是一种思维方式。无论是什么，你都必须要熟练地掌握它。这如同知识和能力的区别，知识的目标是知道正确答案，技能的目标则是熟练运用。如同开车一样，无论你把驾驶理论记得多么滚瓜烂熟，一旦上了车，你还是会手忙脚乱，顾此失彼，把车开得歪歪扭扭。我们知道怎么改掉坏习惯是知识，但知识是需要拿来不断地练习的，必须要让新的行为习惯替换旧的行为习惯。当新的行为成为你的习惯后，你的坏习惯自然就会消失了。

过程是结果的必要条件，过程是自我实现的必经之路。不积跬步，无以至千里；不积小流，无以成江河。一个“积”字道尽了过程对结果不可忽略的影响！我们知道，人的自我实现是一个人对自身期望取得结果的预期目标，而决定这个预期目标能否实现的是一个人成长各个阶段的过程，而非那一个个零散的毫无联系的结果。

如果不行动，学习再多关于习惯的知识、书籍、课程都没用！

豆豆有一段时间不知道怎么养成了斜着身子坐的习惯，每次在书桌前写作业，他都是歪着身子。时间一长，无论是吃饭还是看电视时，他的身体都是歪着的。我偷偷地拍下了他的坐姿，并且告诉他这样坐非常难看，对脊椎也不好，他自己看后也觉得很不好意思。我还特地找了一篇有关脊椎侧弯的文章给他看，脊椎侧弯的恐怖后果把我们俩都吓到了。太可怕了。改，必须改！好吧，我们都知道改掉这个坏习惯的结果是什么——站如松、坐如钟。但过了两天，他就忘记了，又恢复成老样子了。我想了个办法，每次在他做作业的时候，就在他的左右两边放上两把椅子，用椅背挡住他的左肩和右肩的活动范围。当他斜着身体的时候，肩部就会碰到旁边的椅背。刚开始还好，过两天他就烦了，嫌椅背碍事。此时，我就会默默地拿出他的照片……慢慢地，他碰到旁边的椅背的情况越来越少了。再后来，我们就彻底不需要旁边的椅子了……

来吧，我们一起来开始改变坏习惯的行动吧！

心流创造快乐

自己的生活全凭自己来创造。

——（法）高宣扬

“心流”（flow），就是一种理想的专注状态。心理学家米哈里·奇克森特米哈伊将心流定义为一种将个体注意力完全投注在某个活动上的感觉；心流产生的同时，会有高度的兴奋及充实感，如艺术家在创作时所表现的心理状态。人们在此状态时，通常不愿意被打扰，即抗拒中断。它是一种将个人精神力完全投注在某种活动上的感觉。在工作、学习、玩游戏、写作、跑步的时候，你可能有过这样的经历：因为太过沉浸于手上的事情而忘记了吃饭，忘记了时间的流逝，甚至感觉不到自己的存在，我们常常用“忘我”这个词来形容这种状态。

创造心流的三个条件：目标明确、能够得到即时反馈、挑战和能力相当。游戏就是这样，每一款游戏都会设计很多关，每一关打通的要求都是消灭敌人或到达终点，这是目标明确；在你打游戏的过程中，它无时无刻会及时给你反馈结果，你打到哪里了、消灭了多少敌人、你还剩多少血……你对你的情况非常清楚；而且游戏的第一关是最简单的，慢慢地，你每打通一关，下一关的难度会适当增加，游戏始终保持让挑战和你的能力相当。这也就满足了创造心流的三个条件。所以，人们很容易在玩游戏的时候逐渐进入心无旁骛的心流状态。此时的你，已经达到了身心合一，容不下无关的念头和情绪，甚至连自我也消失不见，但感觉却比平时强烈，过去 2 小时就好像只过了 2 分钟，这是一种极致的体验。它就像一块磁铁，吸引你发挥高超的技巧，主动地玩下去。

如图 3–7 所示，在做一件事情的时候，如果挑战难度中偏高，技能水平却很低，我们会对这件事感到不同程度的焦虑；如果挑战难度中偏高，技能水平偏中，我们会对这件事感到“被唤起”，有兴奋、有紧张，但不会感到无聊；如果挑战难度偏低，技能水平也中偏低，我们会对这件事感到不同程度的无聊。

如果你想养成健身的习惯，绝不能兴冲冲地跑去办一张健身卡，定下一个大的目标。对于一个零基础小白来说，很快你就会发现，这根本就做不到。这时，你很容易会受伤，沮丧、自卑和痛苦的心情还会让你感觉自己太差了，“我根本就不是这块料”。很快，放弃就成为必然的结果。

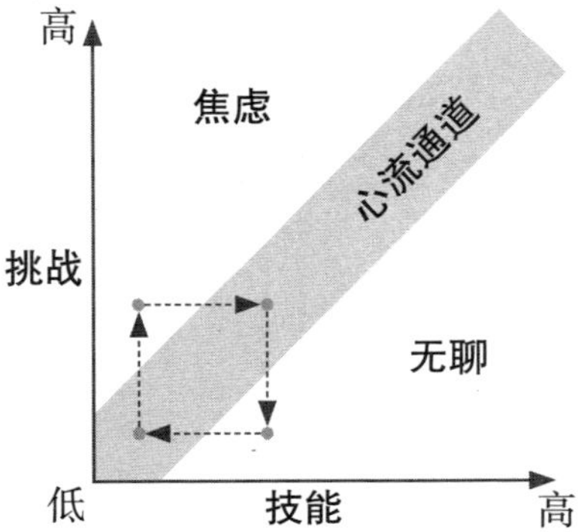

图 3–7　最好的状态在“心流通道”里

如果我们把自己的状态保持在心流通道里面，挑战的难度和自己的能力相当，即便难上一点点，自己的能力也可以解决。这时我们做事的效率最高，感觉最好，人最容易满足。我们在改变坏习惯时，就要让自己进入心流的状态。我们要像打游戏一样，给自己设定不同的关卡，并逐渐增加难度，如此，改变坏习惯将变得不再那么难。

重塑习惯回路

有没有那么一滴眼泪能洗掉后悔，化成大雨降落在回不去的街。再给我一次机会将故事改写。

——五月天《如烟》

目前，科学已经证明了习惯是大脑的一种神经回路。我们都知道，大脑的基本功能单元是神经元，所有的信号，沿着由不同的神经元组成的神经回路单向传递，这些信号就像非常敬业的长跑运动员，只要一听到发令枪响，就会不顾一切地冲向终点，任何试图中途阻拦的努力都是徒劳的。此外，我们都知道，行为重复次数越多，就会形成路径依赖——习惯。

一旦习惯形成，如同公园里的草地，当草地被人们踩出一条路径以后，这条路径上就很难再长出小草了，人们也会尽可能地从自己踩出来的小径上行走。一旦你养成了长时间坐在沙发上看电视而不是跑步的习惯，或者养成了每天下午茶时间都要吃一块小蛋糕的习惯，那这些行为模式就会永远留在你的大脑里。

我相信很多人都听过巴普洛夫的狗摇铃铛实验（如图 3–8 所示）。

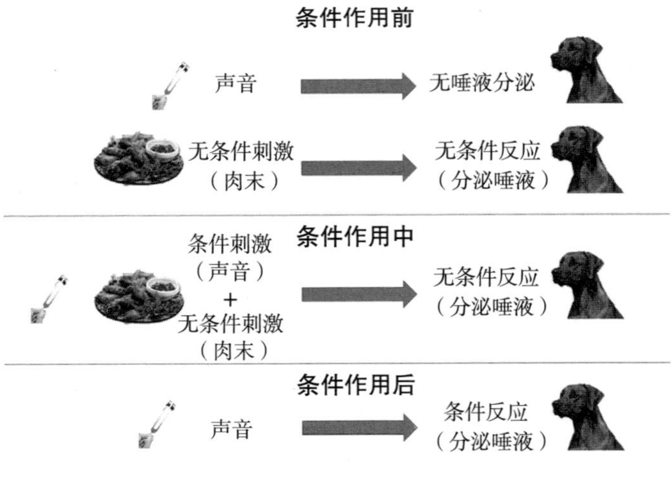

图 3–8 巴普洛夫的狗摇铃铛实验

在这个实验中，如果没有食物而只是不断摇铃铛的话，狗是不会分泌唾液的。同理，如果我们学会在本身的回路不容易形成的时候，用其他已经形成的回路把这个循环回路带动起来，形成新的神经回路，我们就达到了改变坏习惯的目的。而且研究表明，一旦新模式诞生，那么，跑步锻炼或者对蛋糕视而不见就会像其他习惯一样变成自然而然的活动。

容易暴怒，是一些容易情绪化的人拥有的坏毛病。面对汹涌来袭的情绪，我们常常被告之有两种“有效”的处理方法：控制情绪或者发泄情绪。实际上，这两种方法都不能有效地消除情绪。如果你有控制自己情绪的经历，就会发现情绪是控制不住的。我在年轻的时候曾看过一本书，书里讲到，如果你的情绪要爆发了，赶紧深呼吸，在心里默默从 1 数到 10 再开口说话。当时的我深以为然，现在回头想想觉得挺搞笑的。情绪马上就要爆发了，还能如此淡定地数数，这是个多么理性和自律的人才能办到的呀。反过来看，这么理性和自律的人还会有情绪爆发的时刻吗？

曾有一个来访者找我咨询如何解决自己的情绪难以控制的问题。我告诉他，不要去试图控制你的情绪。我要他每天给自己设定一些关键的时间节点，有意识地“检查”一下自己的情绪——每餐饭前、上班进入办公室后或下班离开办公室前，以及临睡前。我之所以给他选择这些时间点，是因为它们很容易记。我建议他在这些时间节点，静静地坐一两分钟，闭上眼睛，深呼吸，问问自己“我现在感觉怎么样，我为什么会有这种感觉”。我让他保持深呼吸，然后“感受当下的情绪”，想象那些情绪如同电子脉冲一样，正在通过神经回路跑向身体的各处神经，甚至你还可以详细描述一下，自己感知到的身体变化："喔，我现在感到很着急，原来着急是这种感觉，它让我心跳加速、额头冒汗、手心发热……这些都是自然的生理反应，我只需要静静地等待它们消退。"无论是什么样的情绪，都试着"与它和谐共处"。我告诉他，什么都不用做，只要每天几次和情绪和谐共处就够了。我要求他，尽可能把自己感受到的情绪记录下来，无论好的坏的，完整地记录下来。

我知道，任何人都会觉得这种行为有点矫揉造作。一些人在开始时会认为这是胡闹，没什么用或者不愿意做。别用胡思乱想代替行动，开始做就好了。在这个过程中，慢慢地，你就会越来越习惯自己的情感世界。时间会帮助你开始建立或强化大脑中新的神经回路。他还是照我的话做了。几周后，他很兴奋地告诉我，他已经不再被情绪左右了。

这个方法其实是来自道家和佛教的内观法，有兴趣的读者可以自行去了解。当年南怀瑾①先生曾修习白骨观②三年，得获不可思议的境界。通过这种方法让自己认识了解我们的内在世界，净化心灵，接纳包容自我及他人是很好的。

---

① 南怀瑾（1918年3月18日–2012年9月29日），出生于中国浙江温州，中国当代诗文学家、佛学家、教育家、中国古代文化传播者、学者、诗人、武术家、中国文化国学大师。

② 白骨观是佛家修持法之一，为佛教五门禅法之一种，通常由不净观、白骨观、白骨生肌和白骨流光四步组成。注：白骨观需明师指导，否则极易发生危险，不可盲目练习！

我们这里不谈禅修，只是想告诉大家，如果一种习惯难以改变或控制的时候，我们需要用其他已经具有或自己已接受的习惯或方法，和我们的坏习惯关联，并把这个坏习惯的改变带动起来。

改变总会痛苦

这一路，一直为你加油的那个人，是你自己。

——周星驰《新喜剧之王》

咨询者："人为什么没有学习的动力？"

贾杰："打心里没有需要。"

咨询者："为什么没有需要？"

贾杰："不焦虑。"

咨询者："怎么唤醒？"

贾杰："不痛不变。"①

这是某咨询者和心理咨询师贾杰老师的一段对话。我们大多数人都想要更好的东西、更好的生活、更好的人生状态。但是在现实世界里，如果某种状态或环境没有威胁到我们的生存

① 经作者授权引用，略作修改。

或影响到安全感，没有妨碍到我们的情感、自尊和未来，我们一般总是愿意待在自己的“舒适区”，保持现状不变。

夸大结果的痛苦

心理学家安东尼·罗宾说过：“一切的改变都是可以马上办到的。”要想马上改变，唯一的方法就是在心里保持迫切感：必须快点去做。如何让自己愿意主动去改变呢？一个办法就是让自己的情绪达到痛苦的临界点，让自己觉得不马上改变是不行的。改变要能成功，不是知道要改变便算了事，而是得打从心里知道自己必须改变才行。我们之所以会养成坏的习惯，是因为它必定在某个方面满足了我们当下的需求和欲望。那么，我们在开始改变坏习惯的时候，就要把自己的关注点从看到眼前的满足和快乐转移到未来的痛苦和坏处上面。我们要给自己的坏习惯创造足够的痛苦和恐怖，这样我们才会有行动的动力，去开始行动来改变自己的坏习惯。

如果你多次曾试图改变而未见成功，其中的原因很可能是令你改变的痛苦还未达到令你无法忍受的程度，而唯有当你达到那样的痛苦临界点时，能令你改变的杠杆才会出现。

曾有一段时间，我会每天到医院去看看生病住院的岳父。

同一个病房里，住着一位九十多岁的老人，因为前列腺问题需要进行手术治疗。但因为他已经九十多岁，没有任何一个医生敢做这个手术，都觉得风险太大了。不得已，医生只能采取保守治疗。于是，我每天在病房里就看到这样一个场景，老人一手拿着尿袋，一手拄着拐杖，颤颤巍巍地在病房里打转，嘴里不停地嚷嚷着“好难受呀，我要死啦……”让人看得非常难受。

后来，我还听到老人和家人争执了几次。因为前列腺问题导致每次排尿都是一次无比痛苦的经历，老人实在无法忍受，他坚决要求动手术，但因为风险太大，老人的家人坚决不同意手术，老人每天只能在痛苦的哀号中度过……

这一幕给了我极其深刻的印象。以前的我长期坐在办公桌前工作，身体并不好，各种小毛病不断。这两年来，随着年龄的增长和小宝的出世，生活负担和压力更大，我的身体差了很多，每年的体检报告都有状况，而且有的问题还在不断加深。不过，我并没有因此改变我的生活状态。直到看到了老人的痛苦，我才意识到，改变不一定会好过，但是不改变，未来总有一天我也会这样每天在痛苦中度过。

从那以后，我开始健身了。虽然我并没有做到一年 365 天一天不缺，但相比前一年的零运动量，这一年 187 天的运动记录让我感到非常自豪。付出总是有回报的，再次体检的结果，我的很多指标都回归正常了。这种改变所带来的成就和收获是其他任何东西所无法替代的。

所以，抽时间审视一下自己的坏习惯是非常有必要的。当我们没有认识到坏习惯的危害时,我们改变的动力往往并不强。所以,我们需要刻意地去夸大这样的危害。我在刚开始健身时,就特地在网上找了一张病人躺在病床上，身上插满了各种管子的照片，把它打印出来（我还特意将它打印成彩色），贴在我的电脑屏幕旁，以此来时刻提醒自己加强锻炼。

减少过程的痛苦

在改变习惯的时候，我们要夸大坏习惯带给我们痛苦的后果。但是，要注意的是，在改变坏习惯的过程中，我们一定要让自己快乐，不能让自己在改变的过程当中感受到痛苦，形成让自己痛苦的状态。久而久之，它会变成我们改变的阻碍。

美国神学博士阿伦·瓦兹说：“假若我们具有最大程度的人性、活力和觉察力，看起来我们必然会愿意为了我们的快感享乐而受苦。没有这种意愿，意识的强度就不会增长。然而一般来说，我们并不愿意受苦，而且即便只是假设我们愿意，这种假设也会让人感到奇怪。这是因为，‘我们的天性’是那么反抗痛苦，以至于这种在某个程度之上忍受痛苦的‘意愿’或许会显得不可能且无意义。”

是的，谁生来喜欢痛苦呢？没有人不渴望快乐。我们要把不改变的痛苦和改变过程的快乐结合起来。是的，就是要这样的感觉：不改，你会痛苦；改了，你就快乐。

还记得我前面说的十分之一快乐法则吗？在改变坏习惯这个行动过程当中，我们经常会遇到另外一个挑战，就是因为改变固有习惯带来的不适感。这种不适感之所以挑战非常大，首先就在于我们的固有模式被打破，需要我们自己去摸索和思考新的做事方式。“坏习惯”对于每个人来说是已经自动化的、不需要思考就可以完成的行为或思维方式，有时候几乎已经是条件反射了。要强行终止一条反射弧，当然难了！即便改变不那么痛苦，至少也是充满了不适、别扭和难受的感觉。

我还记得小时候生病吃药，因为药太苦，我总是不愿意吃。妈妈就会拿出一颗糖果，告诉我，如果不哭不闹地把药喝下去，那么，我将可以得到一颗糖果。好吧，为了甜蜜的糖果，我咬着牙闭上眼睛一口吞了药。虽然药很苦，但我仍急不可耐地抢过妈妈手上的糖果，塞进了嘴里。甜美的糖汁瞬间就驱散了药的苦涩，我立即就眉开眼笑了。

看，我们小时候都知道喝了太苦的药，吃点甜的东西可以中和一下苦味，这使得我们对喝药不再那么抵触。那么，在改变坏习惯的过程中，为了降低不适、别扭和难受的感觉，我们就需要在改变的每一个步骤、每一天的改变上都尽可能给自己一个好的奖励、一个快乐的回报，以此来冲淡改变的痛苦，并产生对改变可以获得快乐的期待。要给你想养成的习惯行为设定一个清晰有效的奖赏，而且这个奖赏可以被明显感知，也是你强烈渴望的。这个奖励和快乐的回报不论是精神上的或者物质上的都行，只要是你渴望获得并且喜欢的就行。一颗巧克力或者一句励志名言，都能成为你继续坚持下去的动力。

创建改变意义

当你不再执着一件事物或一种习惯，它就失去了指挥摆布你的能力。你也就获得了自由。

——宗萨

成长，就是一个不断认为以前的自己是个傻子的过程。查理·卓别林说过这样一句话："用特写镜头看生活，生活是一个悲剧，但用长镜头看生活，就是一部喜剧。"我们改变坏习惯的过程，或许是痛苦和不适的，但是，这是一个不断成长的过程。这个过程带给我们的，不仅仅是改变了一个或几个坏的习惯，它会成为开启我们新人生的一把钥匙。

著名的生涯规划师古典老师常对他的学员说："成长，长成自己的样子。"人生本没有意义，你赋予它什么，它就会成为什么。做自己，长成自己的样子，对我们每个人来说，不是最好的意义吗？

《地狱厨房》是我非常喜欢的一档节目，这个节目告诉人们，只要你够努力，少犯错误，你就有机会收获成功。在2018年的第十八季节目里，厨师Ariel获得了冠军，她曾参加过第六季的比赛，不过后来被淘汰了。但她没有放弃，9年来一直在努力锻炼自己的技艺。

她在节目里说："回想我上次来到这里，我不分昼夜地忙活，心里充斥着未知和不安全感。但现在的我已经今非昔比了，现在的我坚信自己的目标，对胜利志在必得。"

"我每晚都在睡觉前激励自己，努力，努力，再努力！"

主持人戈登·拉姆齐赞扬她："她的进步与成长大家有目共睹，她是一个非常有天赋和决心的人。"

在整个第十八季里，厨师Ariel的表现从头到尾都非常稳定，很少犯错，无论和谁一起搭档，在哪一个膳台上工作，她都能做得很好。

"某种意义上来说，人生就是一场彻底的清算，一场与自己的本性进行的战斗，一个也许永远都没有标准答案的'认识你自己'的追问。"

就我个人而言，我不追求多大的成就，只期望生活能够快乐幸福就好。但是，人生不如意之事十有八九。很多时候，生活充满了无奈，我们被逼着过自己并不想要的生活。虽然人间不值得，但是人生很值得，只有让自己变得优秀，你才有实力让自己尽可能少受环境或他人的影响和胁迫，过自己想过的人生。因此，我才会每每在止步不前时，尝试建立一个又一个微小的习惯，搭建出自己想要的生活。我不确定改掉一个坏习惯，然后养成一个好习惯，如此下去，坚持一段时间后能成为什么样的人，但我坚信，最后一定能成长自己喜欢的模样。

如果你想改掉坏习惯，请马上行动起来，并且给你的行动赋予一个意义，让这个意义时刻激励着你去改变。这个意义没有固定的模式，只要能让你感到兴奋、快乐和骄傲就行。这些改变，虽然是一点一滴的小事，但是，如果你从今天就开始行动，强迫自己改变这些不良习惯，长期坚持下去，既可养成成功必备的好习惯，又能给自己以“我能行，我能做到”的自信。在你未来的生活中，它的益处将逐渐显现。还记得前面说的“马太效应”吗？坏习惯会带给你更多的坏习惯，而好习惯会带给你好的生活，成就你美好的人生。

行动带来改变

在克服恶习上，迟做总比不做强。

——利德益特

习惯是人生成功的一个重要因素。好的习惯使人成功，坏的习惯使人颓废。心理专家研究发现，一个人工作、学习的好坏，20%与智力因素相关，80%与非智力因素相关，而在信心、意志、习惯、兴趣、性格等非智力因素中，习惯又占有重要位置。有人曾做过这样一个测试，让三个人完成同样一件事，其结果却因为每个人工作习惯的不同而大不相同。在我们身边，这种事例不胜枚举。好习惯让我们减少了思考的时间，简化了行动的步骤，让我们做事更有效率；而坏习惯使我们封闭保守，自以为是，墨守成规。所以，将无益、有害的习惯改为有益的，哪怕一个小小的改变，假以时日，你必定受益匪浅。请记住，拥有了成功的习惯，我们就拥有了享受终生的财富。所以，请行动起来，从今天开始改变……

曾经有一只乌鸦打算飞往东方，途中遇到一只鸽子，双方停在一棵树上休息。鸽子看见乌鸦飞得很辛苦，关心地问：“你要飞到哪里去？”乌鸦说：“其实我不想离开，可是这个地方的居民都嫌我的叫声不好听，所以我想飞到别的地方去。”鸽子平静地告诉乌鸦：“那我劝你别白费力气了！如果你不改变你的声音，飞到哪里都不会受欢迎的，如果你无法改变环境，唯一的方法就是改变你自己。你若不想做，会找到一个借口；你若想做，会找到一个方法！”

所以，我们要记住：一切都值得重新审视。

歌德有句话说得很好：“最好不是在夕阳西下的时候幻想什么，而是在旭日初生的时候即投入行动。”改变要趁早，不能只是嘴上说说，迟迟不行动，到头来，白白浪费了一生，无所成就。

对于改变坏习惯，可能有的人会说“我的习惯已经有几十年了，现在再改不可能了，太晚了”。其实，时间早晚不是问题，我们面临的选择只有两个：不改变和开始改变。所以，非洲经济学家丹比萨·莫约在他的《援助的死亡》一书中说：“种一棵树最好的时间是十年前，其次是现在。”不论多晚，效果有多微小，总比不做要好。

再想想我们平日的生活，是不是也充斥着许多“这个年纪，太晚了”的理由？

- 想去参加培训班提升自我，但是“这个年纪，太晚了”。
- 戒烟戒酒有益健康，但是“这个年纪，太晚了”。
- 运动锻炼有益身体，但是“这个年纪，太晚了”。

……

有一位知识渊博的教授与一位目不识丁的人相邻而居。尽管两人地位悬殊，知识水平、性格也天壤之别，可两人有一个共同的目标：尽快富裕起来。

教授每天跷着二郎腿大谈特谈他的致富经，目不识丁的人则在一旁认真地听着，他非常钦佩教授的学识与智能，并且开始依着教授的致富设想去做。

若干年后，目不识丁的人成了一位百万富翁，而教授还在空谈他的致富理论。

你不需要很厉害才能开始，但你需要开始才会很厉害。还是引用清代彭端淑的《为学一首示子侄》里的话：“天下事有难易乎？为之，则难者亦易矣；不为，则易者亦难矣。”很多事情，你去做了，未必一定会有结果，但是不去做，却什么改变都不会有。

超强的执行力，是对平庸生活最好的回击！

行动必有艰难

我们这些曾经眷恋巅峰的人，最终爱上了自己的堕落。

——齐奥朗

我有一个朋友小A在深圳一家公司做产品经理，他比我小几岁。两年前，我去深圳讲课，由于好久没见他，就干脆去他家住，也就方便和他聊聊。

第一天上完课后，我和他找了个餐馆吃饭。我们边吃边聊，互相述说着自己的近况。小A工作也有十多年了，换了几家公司，做过监管员、项目经理、产品经理等，月薪大概是一万元。

聊天中，小A感慨自己工作多年，却一直变化不大，目前的工作没啥前途，自己也没什么太大的能力，想提升或转行很难。最主要的是，目前的工作只能糊口，而且他做得也不开心。

“既然如此，给自己找个方向和目标，加油呗！”我劝他道。“算了，我都四十了，老了，没指望了，还折腾什么？”一个比我小几岁的人对我说老了，没用了，以后的生活就这样了。这让我吃惊不已。

我是一名生涯规划师，在我的圈子里，人人都很努力地学习、成长和进步。我们每天交流的信息都是如何让自己变得更好，成长为自己想要的样子。在那里，你永远不可能听到小 A 说的这种话。

为什么有人考 60 分不会气馁，会继续朝着 90 分甚至 100 分努力，而有的人考 60 分就会一蹶不振，永远停留在 60 分的水平，甚至以后会越考越差？

斯坦福大学的心理学教授卡罗尔·德韦克在她的人格心理学的研究中意识到了两种完全不同的思维模式的存在：僵固型思维模式（fixed mindset）和成长型思维模式（growth mindset）。这两种思维模式的关键区别就在于是否相信一个人的才能，它是后天习得的，是需要通过努力才能获得的，而不是天生固定不变的。

拥有僵固型思维模式的人，他们会觉得聪明才智只是一个人固定不变的特质，所以，他们永远处于一个想要证明而不是发展自己的心态当中。当我们处在这种思维模式状态中时，我们就会害怕负面评价，害怕失败。我们会极力逃避所有有挑战性的任务，以此来避免失败或者暴露自己的弱点。这种思维模式不仅会让我们在困难和打击面前变得脆弱，而且还会严重限制我们的成长和发展。它会让我们长期选择停留在舒适区，停止进步。拥有这种思维模式的人，永远只希望待在自己熟悉的环境里，做着自己能胜任的事情。除非迫不得已，否则，他们永远不会去挑战未知，不会去陌生的地方，不会转入一个陌生的行业，不会去创业。他们会把每个任务当作威胁，而不是成长的机会。是的，他们知道“行动必会带来改变”，但他们永远不会去行动，只会为自己的不行动找一堆的理由和借口。

我们再来说说成长型思维模式。与僵固型思维相对应的是成长型思维，它们二者的区别在于对于同一件事情是追求成功还是避免失败。拥有这种思维模式的人会以一种发展的眼光来看待自己。他们认为能力是需要通过不断学习才能获得的，因此，他们不会把当前的不足与自我价值等同起来。他们不会拒绝负面评价或者通过避免挑战性的任务来避免失败，而是会把失败和不足看成是自我提升的机会。拥有成长型思维模式的人往往不需要非常自信，他们即使知道自己不擅长，也可以全心投入并且坚持下去。他们不需要证明自己已经做得非常好了，因为他们知道能力的提高是需要时间和努力的，所以，他们会不断地去追求进步和成长。

假设小 A 是个僵固型思维的人，而小 B 是个成长型思维的人。现在给他们两个分配一个任务——建设一座大桥。小 A

首先想到的是这件事很难，并为此开始焦虑；而小 B 在面对这个任务时，首先想到的是该用什么方法去完成这个任务，然后开始去寻找解决办法。先考虑困难还是先去想解决方案，这是两种不同思维模式的不同表现。

当拥有了成长型思维之后，我们就拥有了抗击自己内心脆弱的能力。我们就不会再担心和害怕困难、打击和失败，而且还会把每一次的挑战和挫折看成是自我提升和成长的机会。那么，我们要怎么样才能让自己拥有成长型思维呢？关键就在于我们要相信，人的能力是动态发展的。能力的提高是需要通过努力才能获得的。我们要从潜意识层面改变对困难、挫折还有打击的看法，要坚信它们会让我们成为更好的自己。

我的一个学员曾对我说："我意志力薄弱，你说的所有方法对我一点用都没有。"是的，无论方法多么好，当我们的思维模式不改变的话，仅依靠意志力是坚持不了几天的。这也就是为什么我这本书没有如同其他有关习惯的书籍那样，到现在都还没有讲述用什么方法去改变习惯。从一开始，我就在不断地告诉你，如果想改掉你的坏习惯，你应该具有什么样的心智模式。你应该用什么样的思维模式替换掉你现在的思维模式。如果你的心智模式不改变，任何改变习惯的方法都将对你无效。如果你并不想改变自己的思维，看到这里，这本书你也就可以扔掉了。

对自我的否定恰恰是一个人成长的必经之路。我们常常给自己找了许多理由，从而心安理得地让自己待在舒适区中。不是别人打败了你，是你对慵懒的沉迷和对失败的恐慌打败了你；不是任何事难住了你，是你给自己找的那许多理由难住了你。自我否定的过程总是痛苦的，但成长就是与自我的搏斗与对抗。

要养成成长型思维，你就要坚信未来是一定会变好的，而且你要一点点地规划自己的生活与习性，有意识地让自己跳出舒适区，有计划地训练自己，不断体验成功的感觉。有人会说，“我是很想立即改变现状，但周围的大环境就是这样，不允许，没办法呀！”还记得我们前面说的“环境层”吗？固定思维模式的人会很自然地为自己找到一个借口，但他必定是忘了：一个人在面临无法改变的环境的时候，他要学会改变自己，自己改变了，环境也会随着改变。

起点作者孑与2在他的作品《银狐》中有这么一段描写：

如今，站在荒芜的戈壁上，眼中除了一座烟波浩渺的大湖之外，能看到的只有荒凉的戈壁，而远处的高大的沙丘更是让人绝望。

“天啊，我要回去！”人群中终于出现了一个已经崩溃掉的家伙。

铜子把老婆扶正笑道："没有那么糟糕，没有那么糟糕，我相信,官府把我们送到这里来不是想让我们都死在戈壁滩上。

"爹爹，你们只看见这里的乱石滩，却没有看见湖边上那座大城，城池边上还有人正在垦荒。我们来了四五万人呢，大部分都是青壮年，只要有水，有地，就饿不死我们。"

铜子挑起担子，拖着老婆朝父亲喊了一声道："爹爹，我们既然都走不掉，为什么不进城去看看呢？即便是再坏，我们至少也能在最坏的情形中找一个最好的结果。"

再恶劣的环境都不可能阻挡人类求生的渴望。西方有句谚语：生存决定于改变的能力。不少人往往是一方面既想改变现状，另一方面又害怕承受痛苦，结果把自己弄得既矛盾又挣扎，折腾了一大圈又绕回到起点。改变是痛苦的，但是，如果不改变，未来将是更大的痛苦。不过，那时的你或许已经习惯了忍受。最悲催的人生就是这样——"自己从未有选择，总是被别人安排"。

对于我们来说，每一次面对困难、挫折、挑战和失败的时候，都是一次重新创造自己的机会。当我们选择迎难而上，并且克服了这些阻力，突破了这些困难之后，我们便会成为一个全新的自己、一个更好的自己。

当下开始行动

对未来最大的慷慨，是把一切献给现在。

——阿尔贝·加缪

人生中总是会有好多“假如”：

假如我之前能天天锻炼身体，现在的身体就不会有这么多问题了；

假如我当年能好好学习，现在就不会找工作处处碰壁了；

假如我在工作上有足够的积累，现在就不会一直无法提升了；

……

如果时光可以倒流，你会让自己停留在过去的哪一刻？而在那一刻，你又会想要改变什么呢？

澳大利亚作家、词曲创作者兼歌手邦妮·韦尔曾写过《临终前最后悔的五件事》一书。书中记录了她在八年姑息护理工作中收集的众多临终者的遗言。“五件最后悔的事”被超过十万人次的读者转载与评论。

这备受人们推崇的五条生命哲学分别是：

- 希望我有勇气过自己真正想要的生活；
- 希望我以前没有那么拼命地工作；
- 希望我有足够的勇气表达自己的感受；
- 希望我能够和自己的朋友们一直保持联系；
- 希望我已经让自己成为快乐的人。

是的，排在第一位的最后悔的事是没有过上自己真正想要的生活。回顾一生，人们最大的遗憾，不是已完成之事做得如何，而是很多事情一直想做却没去尝试。人们遗憾于未追求的梦想、未去的远方、未爱的人、未做的事。做过了，无悔；没做，才后悔。

之所以你会拿起这本书，是因为你想改掉自己的坏习惯。但是，看书也好，听课也罢，如果你不行动，一切都是枉然。行动才是真正能让你改掉坏习惯、使你有所成就的核心因素，学习也好，思维也罢，都是为了解决问题，只有解决问题才能真正让人成长和改变！

看这本书，你会知道什么是正确的心智模式、知道改掉坏习惯的方法，但要想真正改掉坏习惯，必须经过实践这个阶段。仅仅认为自己理解了、掌握了都不算数，必须通过解决具体的问题去验证。“纸上得来终觉浅，绝知此事要躬行”说的就是这个道理。

本书中所有的方法我都亲身实验，并能确定在我身上起到了作用。有人会说：“那是你，不是我，你的方法对我没用。”

真的是这样吗？

日本有一家只有约 3.3 平方米的点心店，年销售额居然高达 3 亿日元（约 1900 多万元人民币）。这家名叫小竹的点心店位于东京吉祥寺商业街，专门出售羊羹点心。小店的羊羹每天限量 150 个，每人限购 5 个。为了买到它，许多人早上四五点就来排队，要是赶上节假日，甚至有人半夜就来排队，这种排队的情况居然持续了四十多年。

是什么原因导致这家店的生意如此火爆呢？是因为店家把制作羊羹当作毕生的事业，用心去体会，把每一个环节都做到极致。这家点心店的店主稻垣女士在学习的过程中，不知做了多少羊羹，但每次她的父亲品尝后都说不行，然后直接将羊羹丢进了垃圾桶。

经过不断地学习尝试和改进，她最终才做出了完美的羊羹。

何种人生谓之成功？人生最大的成功，是拼尽全力。但许多人的麻烦是：认为自己渴望改变坏习惯，并且学习思考各种方法，喜欢看书听讲座、愿意跟大师交流，但却不愿意在行动上下功夫。

在我后面要讲的改变坏习惯的方法中，有一个方法是要把自己要改变的坏习惯说给身边的人听，让他们来督促自己改变。在自我意识薄弱的情况下，如果下了必改的决心，不妨让身边的人来帮助自己、督促自己。

之前，为了改掉晚睡晚起的坏习惯，我在每一个我能看得到的地方，包括办公室的电脑桌、家里的每一个房间都贴上了用 A4 纸打印的“早睡早起”这四个字。同时，我也会告诉我的每一个家人朋友，我要改掉这个坏习惯。请我的老婆每天晚上准时收走我的手机，并看着我睡觉。我甚至告诉了我办公室的同事，请他们在我每一天早上进办公室的时候问一下我“昨晚有没有早睡”。我还加入了一个打卡群，让群里的伙伴们来监督我。

为此，我不得不请我老婆孩子看了 N 次电影，请同事吃了 N 次大餐，给群里的伙伴们发了 N 次红包。

我的很多学员都觉得这样做太丢脸了。有的人羞于对家人开口；有的人即便告诉了家人，也绝不会恳请同事或朋友帮忙；有的人仅仅在自己的笔记本上写上“我要早起”这四个字；有的人不过是在自己的床头贴了个需要凑近才能看见的“要早睡”的小便签……

这样的人即便看再多的书，做再做的笔记，学再多的方法，思考再多，也很难有所长进和提升。

是的，我知道你意志力薄弱，我也一样。我也很懒，我的意志力也不强。但我不会抱怨和放弃，而是想办法去建立一个比我要勤快、比我要严格、比我要积极的环境去帮助我，驱动我去行动、去改变。

你呢？还在想改变坏习惯的方法有没有用吗？还在想自己意志力薄弱，做不到吗？有人说，人生最好的选择，是忠于自己。那什么是忠于自己呢？为了自己想要的拼尽全力，便是忠于自己。来吧，让我们一起行动起来吧，就从现在开始！

04

PART 4

改变坏习惯的方法

人应该支配习惯，而决不能让习惯支配人。

——奥斯特洛夫斯基

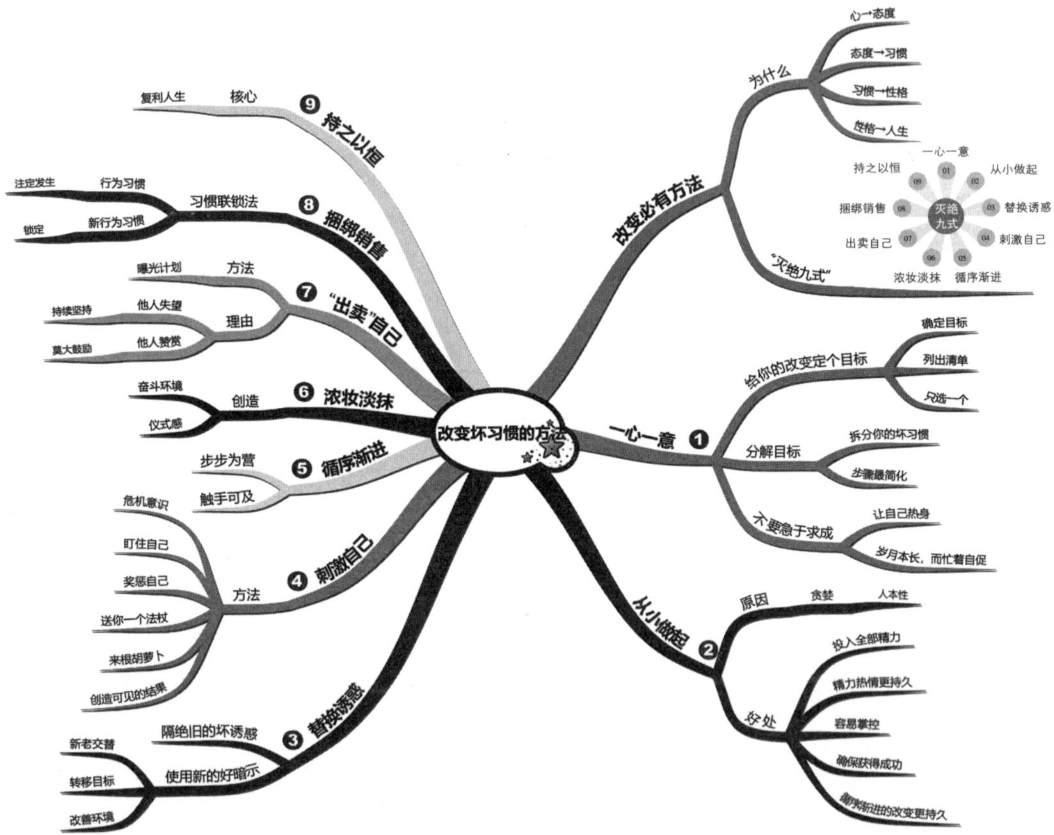

改变坏习惯的方法
改变必有方法
为什么
心→态度
态度→习惯
习惯→性格
性格→人生
"灭绝九式"
灭绝九式
01 一心一意
02 从小做起
03 替换诱惑
04 刺激自己
05 循序渐进
06 浓妆淡抹
07 出卖自己
08 捆绑销售
09 持之以恒
1 一心一意
给你的改变定个目标
确定目标
列出清单
只选一个
分解目标
拆分你的坏习惯
步骤最简化
不要急于求成
让自己热身
岁月本长，而忙着自促
2 从小做起
原因
贪婪
人本性
好处
投入全部精力
精力热情更持久
容易掌控
确保获得成功
循序渐进的改变更持久
3 替换诱惑
隔绝旧的坏诱惑
使用新的好暗示
新老交替
转移目标
改善环境
4 刺激自己
方法
危机意识
盯住自己
奖惩自己
送你一个法杖
来根胡萝卜
创造可见的结果
5 循序渐进
步步为营
触手可及
6 浓妆淡抹
创造
奋斗环境
仪式感
7 "出卖"自己
方法
曝光计划
理由
他人失望
持续坚持
他人赞赏
莫大鼓励
8 捆绑销售
习惯联锁法
行为习惯
注定发生
新行为习惯
锁定
9 持之以恒
核心
复利人生

改变必有方法

心若改变，你的态度跟着改变；
态度改变，你的习惯跟着改变；
习惯改变，你的性格跟着改变；
性格改变，你的人生跟着改变。

——亚伯拉罕·马斯洛《动机与人格》

拥有充足且持续的行动力，是拉开你与他人距离的关键！想将坏习惯解决掉，你需要的不是意志力，而是动力和方法！前面谈了那么多的思维、心智和天性，主要说的是改变坏习惯的心法。心法是道，方法是术。道是思维、认知，是战略；术是行为、实践，是战术。知道了心法，我们才有动力去改变，渴望改掉坏习惯。但怎么改，我们在实践中还需要方法。下面我就要来说说改变坏习惯具体的实战方法了。

整个改变坏习惯的方法我称之为“灭绝九式”（如图 4-1

所示），分别是：

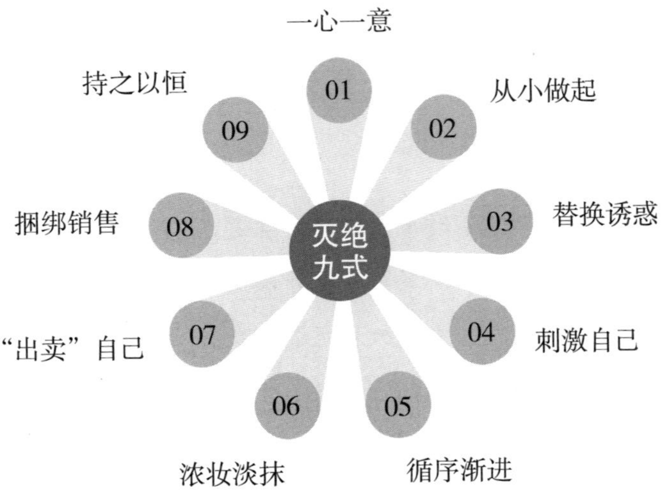

图 4–1 “灭绝九式”

我们不是灭绝师太[①]那样无情之人，但是，我们就是要消灭掉一直以来影响我们的坏习惯，改掉它、替换它、消除它，改变自己的人生。

有一个故事，我想和大家分享一下。金庸先生的《倚天屠

① 灭绝师太是金庸武侠小说《倚天屠龙记》中的人物，峨眉派第三代掌门，郭襄的徒孙。

龙记》，我想有很多人都看过，在这本书里，有一个片段讲的是张三丰传授张无忌太极剑法：

当时强敌环伺，张三丰身受重伤无法出手，只得临时将剑法传给张无忌。教了一圈下来，张三丰问："孩儿，你看清楚了没有？"张无忌道："看清楚了。"张三丰又问："都记得了没有？"张无忌道："已忘记了一小半。"张三丰道："好，那也难为了你，你自己去想想罢。"张无忌低头默想。

过了一会儿，张三丰问道："现下怎样了？"张无忌道："已忘记了一大半。"周颠失声叫道："糟糕！越来越忘记得多了。张真人，你这路剑法是很深奥，看一遍怎能记得？请你再使一遍给我们教主瞧瞧罢。"张三丰微笑道："好，我再使一遍。"提剑出招，演将起来。

众人只看了数招，心下大奇，原来第二次所使，和第一次使的竟然没一招相同。周颠叫道："糟糕，糟糕！这可更加叫人糊涂啦。"张三丰画剑成圈，问道："孩儿，怎样啦？"张无忌道："还有三招没忘记。"张三丰点点头，放剑归座。

张无忌在殿上缓缓踱了一个圈子，沉思半晌，又缓缓踱了半个圈子，抬起头来，满脸喜色，叫道："这我可全忘了，忘得干干净净的了。"张三丰道："不坏，不坏！忘得真快，你这就请八臂神剑指教罢！结果，手持木剑的张无忌，把挥着倚天剑的"八臂神剑"方东白打得屁滚尿流，胳膊还被砍掉一只，变成了“独臂神剑”。

其实张三丰传给他的乃是“剑意”，而非“剑招”，要他将所见到的剑招忘得半点不剩，才能得其精髓，临敌时以意驭剑，千变万化，无穷无尽。倘若尚有一两招剑法忘不干净，心有拘囿，剑法便不能纯。

剑意是虚，剑招是实，虚在实先，以虚生实。所以，虚和实并不是同一层级上的两种状态。学会招式是“实”，调动和运用是“虚”。《道德经》上说：“道冲而用之或不盈。”何谓“道冲而用之”？《河上公章句》解释成：道匿名藏誉，其用在中。其实，改变或培养习惯的方法有很多，市面上有大量的讲习惯的书籍里说了很多的方法。如果你只是在乎某一个方法，希望有某一个方法能帮你改掉坏习惯，那么，这些具体的方法讲的都属于“招式”，是对具体问题的见招拆招。身处这样一个层次之中，你的思维、视角和看待问题的方式就会局限在这个层次里。无论提得多高，也不可能超越具体方法这个层次的束缚。

在我看来，具体的方法是死的，同样的方法适合你，却未必适合我。世界是变化的，解决问题的方法需要随着实际情况而变动。把方法融会贯通，根据自身的需求和特质灵活运用才是对的。有虚无实是空洞，有实无虚是盲目。所以，解决问题也要灵活系统地来解决。比如：减肥，光锻炼不一定有效，除了锻炼还要注意饮食，保持合理的作息，同时还需要培养自己的内在驱动力，不能没坚持两天就放弃了。所以，如果你思考和学习事物是以具体的一招一式的形式，那只能说明，你还没有找到最本质的那条线，能够将它们联系起来。

就像《倚天屠龙记》里面，张三丰教张无忌太极剑法，得意而忘形，所有的招式都是形式，真正的本质永远是招与招之间所展现出来的运用法则。张无忌的太极剑法从头到尾只是大大小小、各种各样的圆，要说招数，可说只有一招。

道家常说："道法自然。"道的本体是虚，我们未必能感受得到，但道的运行演化是我们实实在在能感受得到的。世界的万事万物之间都必然存在着某种联系和共通之处。我们要做的，就是在学习和掌握了改掉坏习惯的方法后，在具体运用和实践方法的时候，不拘泥于具体的一招一式，而是找到这个法则并使用它。用现代人的话来说，就是从"心法"层面上提高自己看待事物、看待问题的层次。现代人给它取了个新名词，叫作"认知升级"。

所以，这本书前面用了大量的篇幅讲思维、讲人性、讲心理，到了这里才开始讲方法。不仅如此，我希望读者可以把两者结合起来，"以道驭术"。在你想改掉一个坏习惯的时候，先分析看透这个坏习惯的本质，根据你的性格特性、心理特质、思维模式、认知水平去调用最适合自己的方法，才会产生出神奇的“化学反应”。

还有一点需要强调的是，做任何事情都是一个不断试错的过程，越是困难的事情，试错的次数可能就越多。请你在改变坏习惯的过程中，不要怕失败，有时失败一次其实是离成功近了一步。你要知道，爱迪生就是这样发明电灯泡的。任何道理、方法、工具终究只是“纸上谈兵”之事，行动才是获得成功的有效方式。面对坏习惯，是继续放任自流随风去，直到某一天追忆起过往懊恼不已，还是撸起袖子好好干，认真对待自己的每一天，活得尽兴与淋漓，都取决于你自己。

请记住：与其坐而论道，不如起而行之。来吧，让我们现在就开始吧！

第一招　一心一意

习惯就是习惯，谁也不能将其扔出窗外，只能一步一步地引它下楼。

——马克·吐温

改掉坏习惯的第一招是“一心一意”。这里的“一心一意”有几层意思。首先，你要想改掉坏习惯，请一心一意地用你最大的决心、努力和付出去对待它；其次，一次就只改一个坏习惯，别贪多；第三，每次改变都针对这一个坏习惯的一个点开始做；第四，一步一步来。

给你的改变定一个目标

1. 确定目标

曾有一次培训给我留下了十分深刻的印象。那是一次关于成长的课程，我问了学员一个问题："你觉得人怎样才幸福？"有个女生高声回答道："有房有车。"我愣了一下，看了看那个女生，她的表情告诉我，她就是这么认为的。好吧，我接着问她："好，非常好。你能告诉我，你说的有房有车，是一个什么样的房子，什么样的车子？你的房子是欧式的还是中式的？你的车子是什么牌子、什么颜色的？"

那个女生顿时傻眼了。显然，她从没想过这些……

作为一名生涯规划师，我接触的人多了，就会发现这样一个有趣的现象：大多数人都想要更好的生活，他们渴望摆脱自己目前并不满意的现状，进入一个让自己更加满意、舒适和快乐的生活状态中去，但多数人仅仅只是想想。不！他们连"想"都不想。他们从没有想过，能让自己满意的、更好的生活是什么样的？

你连自己要什么都不清楚，你又十分渴望可以得到它们，可能吗？

一个有效决策的核心，就是跨越选项看目标。也就是说，当目标不清的时候，一切对选项的比较都没有意义。

- 有人说，我要成功！那么，请告诉我，什么是成功！
- 有人说，我要健康！那么，请告诉我，怎么样才算健康！
- 有人说，我要自由！那么，请告诉我，什么状态才是自由！

……

在现实中，无论是想象还是规划，我们的脑洞总是过于抽象。而我们真正需要的是知道自己实际上该要什么、该做什么、该怎么做。

所以，我在授课时会非常无奈地占用课程的时间帮学员搞清楚他们想要什么。我常用的方式是做“畅想未来”游戏。我会请大家找一个安静的位置坐下来，慢慢地闭上眼睛，尝试着调整呼吸。在背景音乐下，讲述一段引导语，引导学员在大脑中探寻自己未来最想要的生活。最后，把所有在脑海里浮现的画面都写出来，并写下自己的感受和解释。

很多人最后才发现，哦，原来我想要的是这个呀！

仔细想想，这真是个很搞笑的事情。我们很多人天天抱怨现在的生活怎么不好、怎么糟糕、怎么痛苦，天天哭着喊着想要更好的生活，却从没有认真想过自己想要的未来到底是什么样的。

人往往是越长大越孤单，越长大越容易迷失方向。小孩子其实是十分清楚自己的目的的，要一颗糖果，求妈妈带自己去游乐园玩，目的性强，也就更容易实现。很多人念了很多年书，毕业后却不知道自己该做什么、想做什么。有人想要钱，有人想要有地位，但他们却不知道这个世界有什么是能满足自己的欲望的。我之前做了一个调研，有 30% 的人想换工作，却徘徊不定，不知道什么才是适合自己的。这就是没有找到目标的问题。

还有一个常见的现象叫作“目标偏移”。美国普林斯顿大学的著名经济学家阿威纳什有一次和学生做了一个实验，他拿出一张二十美元说，谁鼓掌时间最长，钱就归谁，结果你猜怎么样？掌声竟然持续了四个半小时！这个数字也太让人震惊了！你想任何一个人连续鼓掌持续四个半小时会是个什么感受，那为什么会这样呢？结果是目标偏移了，鼓掌持续四个半小时的那个学生，到最后不仅仅是为了那二十美元，更多的是为了赌气吧。你看，目标偏移就是人生失败最主要的原因。

比如，有一个人在单位干得并不如意，也正好有个机会能离开，可他偏偏不肯。他说：“我虽然有能力，但因为和领导关系没搞好，现在这个领导一直打压我，瞧不起我。我现在可以走，但我非要争一争，在单位干出点名堂再走。”这就是典型的目标偏移，他的目的是去开创一个更好的生活和工作，而不是和人赌气。而他为了赌气却放弃了眼前新的工作机会。在工作中还有很多这样的情况，比如，你正在做一个 PPT，需要找一点素材做美化。结果在网上找了半天素材，下载了一大堆，反而把做 PPT 这事给耽误了。

彼得·德鲁克[①]说过："没有比朝着错误的地方奋力奔跑下去更傻的人了。"

2. 列出清单

事实上，人们会很容易高估自己掌握的信息。如果你要改变坏习惯，这非常好。现在请你告诉我，你真的搞清楚你的坏习惯是什么了吗？请找一个安静的地方，坐下来，闭上眼睛，回想一下：

- 你要改变的坏习惯有哪些？
- 第一个你最想改的坏习惯是什么？
- 这个坏习惯在什么方面给你带来了坏处？
- 它是怎么具体表现的？
- 现在，这个坏处给你带来什么样的影响？你在哪一方面受到了损失？
- 如果不改，未来三年后，这个坏处会给你带来什么样的影响？
- 如果你改掉它，你能收获什么样的好处？你会变成什么样子？

---

① 彼得·德鲁克（Peter F. Drucker，1909.11.19~2005.11.11），学者，管理学大师，美国克莱蒙特研究生大学教授。现代管理学之父，其著作影响了数代追求创新以及最佳管理实践的学者和企业家们，各类商业管理课程也都深受彼得·德鲁克思想的影响。

这就叫作目标探索。来，拿出你的纸笔，把你刚才想到的写下来。你可以写个清单，把你的坏习惯一一列出来，并且一个个地写下每一个坏习惯的具体情况。

3. 只选一个

我知道，当你真的拿笔写的时候，你会写下很多你要改掉的坏习惯。不想不知道，一想吓一跳，你会发现原来自己有这么多的坏习惯，每一个对你都重要，每一个你都舍不得删除。

人的天性是贪婪的。我们总是渴望用最小的代价、最快的时间改掉我们所有的坏习惯。但是，这是不可能的。否则，你早就改掉坏习惯了，何必还来看这本书呢?

佛教认为，贪是修行的大敌，是产生一切烦恼的根本，所以，佛教将贪列为人的根本烦恼之一，并将贪与嗔、痴等一起作为有害众生修行的“三毒”。

《华严经》中有这样一句话“一即是多，多即是一”。这句话告诉了我们一个简单的道理，就是一切法的形成，都是因为我们的心变复杂了。我们的心一复杂，就生出很多东西来。但生出这么多以后,最终还是要回过来,回到一,就是回到简单,回到单一，也就是把复杂的心去掉。摒弃那些烦恼，化万千烦恼为一颗单纯的心，才能真解脱，获得大自在!

你想改变自己的坏习惯，别想多贪多，一定要遵循这样的原则：一次只改掉一个坏习惯。你把一件事情做透了，也许就够了。

一次只养成一个习惯。这是我特别要和大家分享的，我知道我们很多人会同时做很多的事情，在养成习惯的过程中都会出现贪多的情况，认为同时改变没关系，这样会更好更快。但是，我强烈建议大家一次只养成一个习惯。先把它养好，再去做其他的。

还记得前面说的习惯的惯性作用吗？物体一旦处于某种状态下，那么，它将尽可能地保持这种状态。你想改掉坏习惯也就意味着让大脑去接受一种新的行为，而在我们已经保持着原有坏习惯的惯性的情况下，一种新的行为无疑是对现状的一种破坏。它需要你付出新的能量，去做功改变原有坏习惯的惯性。如果你要同时改变多个坏习惯，你就需要付出更多的能量，做更多的功，需要克服更多原有坏习惯的阻力，而且这些阻力在一起的时候是呈几何倍数增加的。除非你有非凡的意志力或迫不得已非得这样做，否则，你会感到很辛苦。习惯养成的最初阶段也是最容易放弃的时候。当阻力过大时，你很容易失败，你会放弃改变它的企图。

所以，别着急，列一个清单，明确自己要养成哪些好习惯，改掉哪些坏习惯。选择其中一个，当你想养成一个好习惯时，专注一点，久而久之，它们就会成为你的本能。同样地，当你想克服一个坏习惯时，专注一点，只专心于一个坏习惯，从简单入手，一步一步来，这样逐个攻破，你最终就会看到最后胜利的曙光。

如果想一口气解决所有的问题，你就会感到不堪重负，很可能到最后，你一个坏习惯都改不了。专注于一件事情，投入全部，直到有所突破，这会让改变变得更容易。不要因为还没有成功而灰心丧气，你要为自己正迈向成功而欢欣鼓舞，失望只会扼杀成功所需的力量。

很多时候，我们无须样样做好，因为只要一件事能够做好，你就能拥有下一次机会。

你要记住，获得成功只需要你去做对的事，而不是做对每一件事。我们没必要像“成功人士”那样严格要求自己。所以，别贪心，生活里最爱的人只有一个，工作最重要的事只有一件，你当下最需要改掉的坏习惯也只有一个。

当你真正启动改变习惯的马车时，当你真正地改掉一个坏习惯以后，你会发现，“改变”这个行为也会在惯性的作用下越跑越快。

分解目标

1. 拆分你的坏习惯

确定了你最想要改掉的那个坏习惯，这只是第一步。接下来，你需要把你渴望改掉的这个坏习惯进行分析。你需要知道自己实际上该做些什么，你要做的就是把目标细分为一个个具体的行动。

我常听见人说想要养成“健康饮食”或“多做运动”的习惯，这种话我实在是听得太多了。他们总是把结果挂在嘴边，而不多想一下什么是“健康饮食”或“多做运动”。

如果我们想要改掉暴饮暴食的坏习惯，养成健康饮食的好习惯，我们应该怎么做？大多数人会说，我从今天晚上开始不吃饭，或者对身边的人大声宣布，我以后不再吃晚餐了。

当日，大多数人都能做到他们宣称的那样。三天后，一些人开始忍不住偷吃起零食。七天后，大部分人会恢复如常。

改掉暴饮暴食的坏习惯并不是一件很简单的事情。恰恰相反，改掉坏习惯，是一个很复杂的系统工程。其实，我们这时最需要做的不是马上就开始，而是应该先审视我们要改掉的这个坏习惯。如果它不是一步就能改掉的，你需要将困难的大目标分解成一个个小目标去处理，因为一个复杂的习惯可能包含了很多独立的小步骤，每一个要改变的步骤都是一个小任务，这些任务都需要耗费我们的脑力。当我们遇到这样一个复杂而又充满挑战的任务的时候，大脑它就会本能地拒绝。它拒绝的方式就是让我们产生负面情绪。我们常常会对自己暗示“这太难了，我做不到”。即便我们靠自己的意志力坚持了几天，但这种自我暗示并不会很快离开。相反，改变原有习惯的不适感会加强这种暗示。大脑会告诉我们，这样做让它很不舒服，还是赶紧回到以前的状态吧。

那怎样才能让大脑不抗拒，怎样才能降低我们内心的阻力呢？关键在于我们需要把这样一个抽象复杂的任务分解成具体的有着明确结果，且我们知道自己可以完成的小任务。因为目标模糊本身就是一种行动阻碍，只有当大脑知道自己具体要做些什么，而且知道怎样去做，知道自己可以做得到时，它才不会太抗拒。

还是拿暴饮暴食为例（当然，这里说的暴饮暴食不是暴食症，我们这里不谈疾病和治疗），什么是暴饮暴食？当然是吃得太多。那什么是吃得太多呢？

“巨石强森”这个名字想必大家都不陌生，他的多部电影都很受中国人的喜欢。如岩石般坚毅的强森，身高 1.95 米，体重 122 公斤，体脂超级低！他到底要怎么吃才能供养这一身肌肉？强森曾在采访中透露，他每天要吃 7 顿饭，共计 5165 大卡，一天的食物接近 10 磅重（9.1 斤）！

有个美国小哥看到了，决定去挑战一下巨石强森的超级增肌餐，搞不好自己也能变成肌肉壮汉！结果，强森的第一顿套餐重达 1.1 斤，他在非常努力的情况下吃完了第一餐。然而，还没等他消化掉，第二顿重达约 2.1 斤的饭又被端了上来，第三顿、第四顿……最后，他吐了。

美国小哥觉得自己已经吃不下第五顿饭和第六顿饭了，因为他的胃被塞得满满当当的。于是，他只好无奈地放弃了挑战。

看，“汝之蜜糖，吾之砒霜”。如果你要改掉暴饮暴食的习惯，第一步，你要搞清楚有关你的坏习惯的一切信息，这个我们在前面的“确定目标”部分已经说到了。第二步，你要了解你的身体状况，根据自己的身体现状来制订一个每日饮食量标准，超过了这个标准多少才算是暴饮暴食。

所以，要改掉暴饮暴食的习惯，不是要你马上去宣布“晚上不吃饭了”，而是要先对自己的身体做一个全面的了解。现在有很多健身软件都能帮你做这样的测试。你要搞清楚你的 BMI 值、皮下脂肪率、内脏脂肪率、基础代谢率等指标。

你还要分析你饮食时所处的环境，考虑怎样的环境能让你可以减少食物的摄入，但又不至于让你厌食。我每天的中餐都是在单位的食堂吃的，食堂的厨师是不可能根据我们每个人的情况给我们合适分量的食物，这导致我每次午餐总会吃得比较多，这就是环境对我的影响。当然，还有心理状态、他人对我们的影响等。如果你要改掉暴饮暴食的习惯，你必须要考虑到这些因素。

第三步，根据你的身体情况来制订相应的饮食计划。是少吃一餐还是用蛋白质代替碳水化合物？是需要减少总量摄入，还是需要控制脂肪和糖的摄入量？

你需要找一个专家来帮你制订一整套食谱。如果有必要，你还要加上一个健身计划和心理辅导计划。

2. 步骤最简化

当然，为了降低改掉坏习惯的难度，你还需要把解决坏习惯的每一个步骤都最简化。也就是要把改掉坏习惯的每一个步骤都想清楚，并让它很容易做到。复杂的事物容易失败，简单的事物容易持续，这是真理。我们要先决定一项最有效的行动，先将这项行动转化为习惯。比如，你制订了食谱，刚开始我们不能只考虑科学，还要考虑自己的接受程度。食谱里面不能有我们买不到或者不会做的食物，而且，我们需要在食谱中加上我们爱吃的食物搭配在一起，让我们能逐步过渡并接受新的食谱。

我们还需要把步骤分成更细的方面，你需要考虑每一餐的不同。早餐应该蛋白质多一些，中餐可以碳水化合物多一些。你也需要把零食全部送人，并把你的买零食的零花钱全部设定成工资一到账就自动转存为零存整取……

当你把每一个方面和步骤都设定好了以后，你的大脑将不会把改变坏习惯这个事情放进思考的篮子里去纠结和犹豫，实际上，你已经通过分解目标的方法帮它认真思考过每一个方面和步骤了。你的大脑再不会像之前没有分解目标时那样只是模糊地胡思乱想，并由此引发你的焦虑和担忧，而是直接在行动的篮子里按照行动步骤把一步步的行动拿出来照做。你的大脑不会再花时间和工夫去思考、纠结、犹豫、困惑和怀疑。我们就跳过了大脑用来思考新习惯怎么给它带来不适、旧习惯是怎么样做的这个过程。你受到你大脑的阻力就会降低，你将能更容易地改掉你的坏习惯。

《掌控自己》一书的作者黄加一在他开始写初稿时，面对的一切都是未知数，他给自己设定了一个直面困难的良方：每天给自己设置一个简单到不能再简单的任务——完成初稿 100 字。当你把事情变得简单了以后，困难就不会再来困扰你了。

我在写这本书的时候也是这样，一开始我犹豫了很久，到底要不要写这本书，我一直担心自己无法搞定这件事情。思考得越多，越给了大脑给我设置阻力的机会。我很担心自己会写不出来或完成不了，这导致我拖延了很长时间。后来，我采用了分解目标的方法。我先设定好了书的大纲，再设定好每一个一级目录、二级目录，目录下再设定好每一个小节的写法、架构和案例。然后，我再找好每一个小节的参考资料。到了这一步，如同盖房子，我已经搞完了设计、建钢筋框架的事情，剩下的只是用一块块的砖把墙砌起来罢了。

到最后，就只剩下码字而已。但这还不算最简化，每天工作加上家有两个娃的我并没有太多时间去写作。我也如同黄加一一样，设定好时间表，每天给自己设定一个肯定能轻松达到的字数下限，超过就是赚的。事实上，我每天都能写超过最低字数的文字，所以我不但写了这本书，而且每天都能超额完成，这让我收获了快乐与成就感。写书，就由一个在开始前思考很久都没有信心、生怕写不出的状态变成了毫无困难并且轻松快乐的事情。

坏习惯的改造也是这么做的。记住，不要一开始在思想上就对自己的坏习惯偷工减料，你要很认真地把改变你的坏习惯细分成一件件你可以完成的事情。相信自己，改掉坏习惯，你能做到！

不要急于求成

还有一个常见的阻碍我们改掉坏习惯的因素，那就是急于求成的心态。这种心态之所以会在我们的行动的过程中造成阻碍，甚至会阻碍我们的成长和发展，就在于它会在我们的行动过程中让我们产生焦虑情绪。你要知道，任何一个技能的学习和获得，都是需要花很多时间和精力的，它需要一个积累过程。

1. 让自己热身

我的师妹白小白老师在 2018 年用 25 天的时间完成了一本书的初稿。很多人对她写书的速度表示惊讶和赞叹。她后来做了解释：

“我在闭关写这本书之前专门阅读了 300 万字，写好了 60 万字的课程、案例、报告，外加积累了上百万的文字素材。

所以，新作者写一本书，真的只需要 25 天吗？

那是天方夜谭！

25 天只是一个梳理、呈现的过程，之前还有无数年、无数天的积累过程，不能忽略。”①

是的，我们总是会被表象所迷惑。在这个浮躁的时代，我们总希望能多快好省地做更多的事情。但是，牛顿早就说过，一切都是有惯性的。虽然开始的时候我们改掉坏习惯的热情很高，但真的付诸行动的时候，我们改变的每一个行动会被以前的懒散习惯拽着动不了。这种感受，我想大家都很熟悉，明明知道自己该去跑步了，该去看书了，可就是躺在沙发上不想动。

所以，让自己热身显得尤为关键。

别想着改掉坏习惯能立马见效，不妨先从一点点小事做起，逐步改进。比如你要改掉熬夜的坏习惯，就先学习有关熬夜、

---

① 引自微信公众号白小白女性生涯规划文章《一个月真的可以写一本书？写书新手最容易踩的十个大坑》，作者白一苓，经授权引用。

睡眠的相关知识，每天提早 10 分钟睡觉即可，让自己一点点逐步进入状态。如果你昨天是凌晨 1 点睡的，今天想 10 点就入睡，那么，你多半就是躺在床上翻来覆去地数小羊了；你要运动减肥，先找些健身、拉伸、减肥的公众号加上，看看大家都是怎么做的。每次运动前，如果不做足拉伸动作，那么，你会很容易受伤。所以，不要小瞧运动前的热身，热身做得不够，你就只会有 3 分钟热度，把自己的改变行动销毁殆尽。

2. 岁月本长，而忙者自促

虽然很多人知道热身的道理，但他们依旧渴望自己做的事情能马上出成果。热身在很多人眼里是一个奢侈、浪费时间和耽误工夫的行为。他们总是很急很焦虑，做什么事情都恨不能马上一步登天。也许这个世道有些浮躁，但这却不是我们浮躁的借口。《菜根谭》上说："岁月本长，而忙者自促，天地本宽，而鄙者自隘，风花雪月本闲，而扰攘者自冗。"意思是说，世间的岁月本来是很长的，然而，忙碌的人是不明白这个道理的，他们终日营役，忙于生计，总觉得时光短促。天地之间原本很宽广的，但是，卑微的人却自己将其狭隘。风花雪月原本是安闲美好的，但是，劳苦忧心的人却总是自寻烦恼。

前不久，有个朋友来找我做咨询，她谈不上喜欢目前的工作，不过是因为稳定，所以一直在做，顺便利用空余时间发展自己的事业。最近因为岗位调整，工作占据了她的大部分时间。

一方面她很累，另一方面，她完全没时间和精力再去做自己的事情了。所以，她找到我来咨询自己是否应该离职。

她告诉我，其实她的老公并不在乎她能挣多少钱，只要她开心就好。但是，她对自己的要求比较高，希望能做出自己的事业和成绩来。

显然，她对离职并没有做好准备，但又不甘心陷入目前工作的泥潭中，她渴望尽快跳出来，能一飞冲天。

事实上，如果我们一直执着于要完成什么事情，人生达到什么目的，实现什么目标，那永远不会有幸福的感觉！人生的目的并非完成所有的事情，而是去享受生命旅途上的每一步。我们总有一天会死去，这是我们逃不了、避不开的结果。只要我们能活在当下，慢慢地积蓄自己的力量，过好自己的每一天，一点点改进、一步步提升，脚踏实地地去逐步实现自己的梦想，才是人生的意义。

第二招　从小做起

有时候，太阳不能把你照亮，一支蜡烛却可以。

——阿多尼斯

我们总是希望能多快好省地完成很多事情，但人非神仙，我们的时间精力都是有限的。现在，试想一下你已经改掉了所有这些坏习惯。有信心吗？肯定没有，因为这会让人不堪重负。改掉一个习惯需要集中注意力，并为之付出不懈努力，而且越是老习惯，越是根深蒂固。

此外，我们很多人做事情还有一个特点，那就是“3 分钟热度”，就是最开始的时候，每个人都是一副雄心勃勃、热情洋溢、积极投入的状态。问题在于，这种热情往往只能持续一两天或者一两个星期，随后就会随着时间的推移慢慢降温。最后，当热情不再时，我们行动的动力就会消磨殆尽。

因此，要想改掉坏习惯，成功的第一步一定是从改变一个较容易克服的坏习惯开始。克服一个难度较小的习惯所遇到的阻力要远远小于克服一个难度较大的习惯，而且，克服掉一个坏习惯的胜利能给你带来更多的信心。

马克·吐温曾说过：“习惯就是习惯，谁也不能将其扔出窗外，只能一步一步地引它下楼。”因此，不要着急，坏习惯总是难以克服的，不然，我们也不会为了坏习惯而烦恼了。有些人对自己的坏习惯深恶痛绝，又感到无法改变，所以，慢慢地就变得自卑了。因此，我们首先要做的，是给自己建立信心。

习惯这个东西，具有水滴石穿的力量。长此以往，你身上的好习惯就会越来越多，慢慢地，你的生活就会发生改变，你也会越来越自信。当你的生活变得趋向好的方面的时候，你拥有一定的自信的时候，你就可以尝试去改变一下比较大的坏习惯了。

从小事入手或者说从一个小的方面来进行改变是改掉坏习惯一个非常重要的原则，这样做有很多的好处。

1. 它会让你投入全部的精力

在改变坏习惯时，我们要投入全部的精力去针对一个最容易改变的坏习惯的小方面。这样，坏习惯改起来就不会那么困难。相反，如果你想在改变坏习惯上一口气吃成个大胖子，一下子改变好几个坏习惯，你的精力将不得不分散到每一个习惯上，效率也会大大降低。面面俱到不是那么容易做到的，顾此失彼倒是很容易发生。只有从小处着手，集中精力，你才能充分发挥自己的实力。

2. 它会让你的精力和热情更持久

从可以轻易就实现改变的坏习惯入手，你行动的阻力会比较小，你的精力就会越来越旺盛，热情也会越来越高涨，就像大坝蓄水一样。这些积攒起来的精力和热情能让你坚持更长的时间，确保你不会三天打鱼两天晒网。

3. 它更容易掌控

我想再强调一次，一开始时，我们要选择一个最简单、最容易实现改变的坏习惯。我们制定的目标越容易，我们就越容易掌控它。如果你想要改掉的坏习惯难度较大，你就很可能会走向失败。

4. 它能确保你获得成功

越小越容易做的事情，完成它的成功率就越高。当然，小成功确实不像大成功那样能给人带来巨大的成就感，但小成功的好处是能轻松消除你一开始改变坏习惯时对可能的失败和未知困难产生的不安、恐惧和犹豫。这一点非常重要，阿德勒说我们人天生是自卑的,我们总是担心自己做不好想要做的事情。所以，一开始给自己建立自信是非常重要的。一旦开始取得了小成功，你的自信就会增强，你就能以它为基础，取得另一个小成功，直到一系列小成功汇聚成一个大成功。

5. 它能让循序渐进的改变更持久

循序渐进的改变意味着我们每次的改变都只有一点点，在我们的大脑已经习惯了旧的坏习惯的情况下，只做出一点点的改变不会引起大脑的不适感和反抗。相信大家都听过温水煮青蛙的故事吧，如果把青蛙直接放进热水里，青蛙会因为受不了突如其来的高温刺激，立即奋力从开水中跳出来，得以成功逃生。而如果把青蛙先放入装着冷水的容器中，然后再缓慢加热，结果就不一样了。青蛙反倒因为开始时水温的舒适而在水中悠然自得。当青蛙发现无法忍受高温时，它已经心有余而力不足了，不知不觉被煮死在热水中。

坏习惯就是我们的青蛙，为了不让坏习惯这只青蛙跑掉，我们不能一开始就刺激它。所以，我们最好的策略就是一点点改变，循序渐进。

来看看我是怎么改掉豆豆不运动的坏习惯的。豆豆每天除了不得不做的功课外，其他什么事情都不想干。我自从感受到身体的糟糕和锻炼身体的好处以后，也要求豆豆每天锻炼。不过这可不是个容易养成的好习惯。刚开始时，我给他买了一本有关健身的书，让他照着里面的动作去锻炼。

刚开始还不错，他坚持了 3 天。后来，他就找各种理由不运动，比如作业太多、太累……

于是，我决定让他从最简单的做起，每天 20 个深蹲。不到 3 分钟，他就做完了，很轻松。

一周后，我让他在 20 个深蹲的基础上每天加 1 个。

一个月后，再加上 100 下跳绳。后面每天再加上 10 下。这也花不了 10 分钟。

无论怎么增加运动量，在他还没有真正喜欢上运动的情况下，我绝对不会给他难度较大的动作和过长的运动时间。

现在，豆豆的这几项运动已经坚持了有半年时间，他的身体明显好了不少。某个周日早上，他还得意地在我面前秀了一下肌肉。一个从来都懒得动的孩子就这样悄悄地改变了。一个普通的改变，也能改变普通，不是吗？

第三招　替换诱惑

要改掉一个习惯，则需要另一个可诱惑你去为之养成的习惯。

——不怨

第三招我们要讲讲诱惑。说到“诱惑”，有两个英国作家有着截然相反的意见。19 世纪英国（准确来讲是爱尔兰，但是当时由英国统治）最伟大的作家与艺术家王尔德说：“我能抵抗一切，除了诱惑。”而英国小说家霍华德·雅各布森却说：“人生是件严肃的事情，你要经得起每个一闪即逝的诱惑。”是的，生活中到处存在着各种各样的诱惑，稍不注意，这些诱惑会随时影响并阻碍着我们前进的步伐，甚至会让我们迷失前进的方向，陷入短暂利益的旋涡中。还记得坏习惯的定义吗？当初我们之所以会有某个坏习惯，必然是因为该习惯有吸引我们的地方，让我们舍不得放弃它。如果我们要改掉它，必然要先找到是什么在诱惑我们。

隔绝旧的坏诱惑

如果你想要改掉坏习惯，那么，你要对“是哪些东西触发了你的坏习惯”有充分的了解。例如，哪些场合下你会乱花钱？橱柜里有哪些根本就不需要的且对你的健康没有多大益处的东西？有哪些人会让你回到过去的习惯中去？

有些人无聊的时候就喜欢吃东西，他们喜欢食物，但是讨厌无聊。于是，他们就用食物来缓解无聊的感觉。从这里我们可以看出，吃东西的诱因就是无聊，所以，为了改掉总是吃东西的坏习惯，你就要使自己变得忙碌起来，不要陷入无聊的境地。

因此，戒掉坏习惯我们首先要隔绝诱惑源，也就是尽量避免会使你做坏习惯事情的场合、物品和原因。这点对很多人是有效的。比如戒烟，如果你要戒烟的话，比较好的办法是当你想抽烟的时候你找不到烟或不买烟，这样你可能挺一会儿或者做些其他事情，你的烟瘾就过去了。

如果想戒掉零食、甜点，实现减肥的目标，我们可以把冰箱里面的切片火腿和可口可乐等东西通通撤走，只留下蔬菜或其他健康食品。总而言之，想要养成习惯，首先要让这种行为在环境中受到的阻力达到最小化。

眼不见，心不烦。没有了赤裸裸的诱惑，我们心里的欲望就不会那么容易被勾起来。这是一个比较好的办法。如果你控制不了自己购物的欲望，那上街时就不要带钱或者少带钱。当然，现在都可以使用手机移动支付，不过你可以不绑定银行卡、不开通小额免密支付就可以了。还有一招，叫隔绝诱惑源。比如，你喜欢熬夜玩手机。那么，你可以在上床之前就将手机放在不太好拿的地方，等过一段时间，你对手机不太上瘾时，就可以将手机放在客厅后，再上床睡觉。

使用新的好暗示

1. 新老交替

这就是我前面说的用一个新习惯来替代旧习惯。如果你停止去做一件事，那么，在你的生活中自然会出现一块空白。要是你用一个新习惯来补缺这个空当，那么，你自然就很难“旧病”复发了。要是你家里储存了薯片、糖果之类的零食的话，就用水果和坚果来取代它们。要是你不想再花费晚上的数小时时间网上冲浪或查看社交媒体的话，你就可以利用这部分空出来的时间去阅读更多的书籍或是加入一个俱乐部，参加一项运动等。

不过，请记住我前面说的不要急于求成的原则，如果你马上用一个新习惯来替代旧习惯。这并不是一件容易的事情。如果你很喜欢薯片、糖果之类的零食，不爱吃水果和坚果，即便你隔绝了旧的坏诱惑，把薯片、糖果之类的零食全扔了，你也很难会去吃水果和坚果。有非常大的可能是你会跑出门去重新购买薯片、糖果之类的零食。

那我们应该怎么办呢？别急，这时请运用第二招——从小做起。如果你要改掉吃薯片、糖果之类的零食的坏习惯，可以先统计一下每天吃的量。然后将自己的薯片、糖果等分配好分量。只拿出 1 ~ 3 天的量放在外面，其他的找个地方锁好。记住，要用那种很难或很麻烦才能打开的那种锁锁好。

接着，你可以第一天吃一包薯片，但必须也吃一小包坚果。第二天，吃一包薯片和两小包坚果……慢慢地，减少薯片、糖果之类的零食，并相应地增加水果和坚果。你还可以把后面要谈到的第四招加进来，给自己奖励。如果偶尔犯规了，没控制住自己也没有关系，第二天恢复到改变的正轨上来就行。

2. 转移目标

相信很多人都见过这一幕：大多数人都在玩手机，或是聊天，或是看电视剧，或是看综艺节目，或是在刷抖音，等等。其实，在这个时间里，大家完全可以做些更有意义、更有价值的事情，比如学学英语、看看书。

还记得我前面讲的“什么样的习惯是好的”吗？它一定要满足当下是快乐的和未来是有意义的。显然，这些年轻人做的事情当下是快乐的，但对于未来而言是毫无意义的。试想，当你在路上听了一小时英语、看了一章内容的书，你走进办公室的那一瞬间，你一定会特别有成就感。因为你觉得自己今天特别好地利用了时间，而且，这对自己的未来也是很有意义的。而这，我们就将它叫作转移目标。

当然，这种转变没那么容易，我们得一步一步来。

3. 改善环境

如果你要改掉坏习惯，你就要想办法改变原来坏习惯存在的环境，换成对于你想养成的好习惯最有利的一个新环境。

从未尝试改善环境的人通常会对其所产生的显著效果感到惊奇不已。

我自己就多次运用过这样的简单技巧。为了坚持每天读书，我在我的书房、办公室、床边、车上都放了书。凡是我日常生活要接触的地方，我都能看到有一本在等我去阅读的书。其实同时读几本书并不会太影响效果，因为我基本上每天都能读到它们。不会因为时间间隔太久而忘记了内容。而且，无论我在哪里或是我想拿起手机看的时候，我也总能看到旁边有本书，这时我的大脑里会产生一个画面——书在冲我喊：“看我，看我。”这样，我便克服了时不时爱看手机的坏习惯。

要改变自己就必须改变你周围的世界。很简单的一招，你也可以试着用一用。

第四招　刺激自己

习惯之所以形成，是因为我们的大脑为了回应频繁的练习而发生了改变。

——肖恩·埃科尔

鲁迅十三岁时，他的祖父因科场案被逮捕入狱，父亲长期患病，家里越来越穷，他经常到当铺卖掉家里值钱的东西，然后再到药店给父亲买药。有一次，父亲病重，鲁迅一大早就去当铺和药店，回来时老师已经开始上课了。老师看到他迟到了，就生气地说："十几岁的学生，还睡懒觉，上课迟到。下次再迟到就别来了。"

鲁迅听了，点点头，没有为自己作任何辩解，低着头默默地回到自己的座位上。

第二天，他早早来到学校，在书桌右上角用刀刻了一个"早"字，心里暗暗许下诺言：以后一定要早起，不能再迟到了。

以后的日子里，父亲的病更重了，鲁迅更频繁地到当铺里去卖东西，然后到药店去买药，家里很多活都落在了鲁迅的肩上。他每天天不亮就早早起床，料理好家里的事情，然后再到当铺和药店，之后又急急忙忙地跑到私塾去上课。虽然家里的负担很重，可是他再也没有迟到过。

鲁迅先生的“早”字就是对自己的一种刺激，通过这样的刺激，它能在鲁迅先生的大脑里建立起一条神经回路。这条神经回路会提示鲁迅先生“你要早起”。我们要改掉自己的坏习惯，也可以用这样的方法，来建立改掉坏习惯的神经回路。

危机意识

如果不做出改变的话，五年后，十年后，情况又会怎样呢？充分发挥你的想象力，想象自己的未来是什么样的。你会走向何方？负债累累？患有心脏病？身体很差？生活中各种不顺心？要是你现在有机会改变这样的未来，你还会纵容自己沦落到那种地步吗？

开动脑筋想想所有那些积极的和美好的事物，它们又会给你五年后、十年后的生活带来怎样的影响呢？当你快要放弃并又回归到过去的坏习惯中去时，拿出一张纸，把两种结果写下来，你想要积极的还是消极的？

实际上，这就是一句话，你要清楚坏习惯存在的危机，并时刻提醒和刺激自己。坏习惯总是在无形中一点一滴地影响着你的个人生活，必须在认识坏习惯存在的同时，意识到坏习惯会带来的负面影响，我们要经常想一想坏习惯带给我们的坏处，想一想它的可怕，这样我们便会有动力去改变了。

盯住自己

鲁迅先生的“早”字就是通过一个刺激的提醒来监督自身行为的方式。这种方法确实有效，而且对大多数人都效果显著。实际上，只要你经常留意自己的所作所为，很可能就会表现得更完美。

如果说这样的方法听起来不那么可靠，请记住：自我监督的力量已在40年来所进行的各种研究中得到证实。加拿大研究人员托马斯·麦肯其和布伦特·拉希尔所做的一项类似的研究表明，在青少年拿到出勤单记录出勤后，他们会更加及时参加游泳训练。大量研究都取得了类似的结果，而且都是通过加强自我行为意识而得出的。

那么，我们应该怎么监督自身行为呢？我们只需要一张纸和一支笔，用来记录自己的所作所为，并时不时看上一眼。经常称一称体重，记录下它的变化，你或许就会真的开始减肥。记录下每天的饮食，时不时回顾一下自己吃了些什么，你可能就会更为明智地选择用餐。

我在健身上也采用了这样的方式，我会每天记录下自己锻炼的时长和动作（现在大多数运动软件已经可以做到记录下你的时间和消耗的热量）。2018 年冬天，因为天冷，我连续两周都没有提升自己的运动量，只是在原基础上保持着，甚至有几天没有做任何运动。后来，我翻看了一下自己的健身记录，我察觉了这一点，并反思自己没有提升的原因。然后，我根据冬季吃得多的特点，重新改进了自己的健身计划，我的身体随后又向好的方向发展了。

这个方法简单却很有效。现在手机已经非常普及了，用手机上的 APP 来记录也是一个非常不错的方式。

然而，很多人太相信自己的大脑了，做的很多事情，只凭记忆，只想着做，不列清单，不量化，所以不是忘记了，就是感觉错了。我在实践中还发现一种情况，有的人并不相信做记录能帮助他们改变什么，他们怀疑它的作用，并对此种方式不屑一顾。正如我之前说过的，这时，请先不要想太多，采用它并坚持一段时间，你会知道它的作用的。

记录不仅能帮助我们盯住自己，还能自由地表达我们的真情实感，记录下自己改掉坏习惯的足迹。当我们回顾记录时，我们能看到在改掉坏习惯中的得与失、乐与苦。改掉坏习惯之后，翻翻看看，我们能更好地总结经验，并用于下一个坏习惯的改变。如果我们没能改掉坏习惯，看看这些记录，也能让我们知道为什么会失败，怎么改进自己的行动。下一次，我们将更接近成功。

奖惩自己

如果没有驱动力，我们是不会想着去改掉自己的坏习惯的；同样，如果没有驱动力，我们的改变行为也不会持续下去。行为的产生依靠的不是理性层面的意志力，而是感性层面的某种情感动力，理性永远都是在为情绪服务。从本能来看，我们的内在动机只有两种：寻找快乐和避免痛苦。对于一个具有成长性思维的人来说，由于有成长的愿望在支撑，往往能把改掉坏习惯的行动坚持下去。这是一种发自内心的内在驱动力，这种力量远远大于一个人的意志力，也更加持久。但这个世界上的多数人是不具备成长性思维的，他们往往对自己的坏习惯不以为意，听之任之，习以为常。如果要让这类人对自己的坏习惯做出改变，只能利用人类趋利避害的天性来采取行动。简单来说，就是运用“胡萝卜 + 大棒”的法则人为制造出外在的驱动力来对自己改掉坏习惯的行为进行驱动。

一般人如果没有经历过大喜大悲的强烈刺激，他们的习性是很难改变的。不痛不变，只有在外界强烈的刺激下或者某种事物和情绪正好触动了内心某个点，人们才会对自己的行为做出改变。

《晋书》里记载了医学家、文学家皇甫谧浪子回头的故事。皇甫谧小时候被过继给叔父。他自幼贪玩，不习上进，跟村童编荆为盾，执杖为矛，分阵相刺，嬉游习兵。皇甫谧年龄到了二十岁，不爱好读书学习，到处游荡，不守规矩，有人认为他憨痴不懂事。有一次弄到瓜果，他拿来进献给过继的母亲任氏。任氏说：“《孝经》上说：‘只给父母牛、羊、猪的奉养，尚且是不孝。’你今年二十多了，眼不看一点教化人的书，心思尚未进入正道，你没有什么能让我感到宽慰的啊。”说到这里，任氏就叹息着又说：“唉，从前孟子的母亲三次搬迁居处而成就了孟子的大仁，曾子的父亲兑现对小孩杀猪的诺言来教育他，难道是我居家没有选择好邻居，对你的教育有所疏漏，为什么你竟这样愚钝不开窍呢？你修养自身，勤奋学习，是你自身的收获，与我有什么关系呢？”说着说着，她就对着皇甫谧涕泣起来。

皇甫谧被感动而振作起来，从此改弦易辙，矢志发奋读书；遂博案经传，旁采百家，写出了《笃终论》《皇帝针灸甲乙经》

等。古人曾赞云："考晋时著书之富，无若皇甫谧者。"（李巨来《书古文尚书冤词后》）

因为叔母的话正好刺激到他了，皇甫谧从那以后便有了内在驱动力，从此改弦易辙，重新做人。但叔母的话如果放在其他人身上，未必会有同样的效果。我们无法知道每一个人的痛点在什么地方。找不到痛点，我们可能永远都无法叫醒一个装睡的人。看看周围，我们身边多的是这样的人，明知道自己的身体在恶化，明知道自己的身材在不断走样，但是，当你告诉他"管住嘴、迈开腿"时，他不是不知道该怎么做，但回答都是"嘿嘿，臣妾做不到啊！"

送你一个法杖

这样的人同样也有改掉坏习惯的欲望，但是却没有行动。光做梦不实践，哪来改变的可能？在改变坏习惯时，如果继续行动的理由大于停止行动的理由，那么，我们就会选择行动，否则，我们就会停止行动。因此，行动力的关键在于强化继续的理由，以及弱化或消除停止的理由。这时，我们需要人为地制造出痛点，让自己在使用坏习惯时感受到痛苦，从而对坏习惯产生厌恶，促使自己开始改掉坏习惯。

人为地制造出痛点，最常见的莫过于父母教育自己的孩子。大多数的父母都曾因为孩子的调皮捣蛋、不愿学习而打骂过他们。曾有一位北大的学霸在他的文章中说，他能够考上北京大学，一半来源于自己的坚持与努力，另一半则来源于父母从小“虎爸狼妈”式的家庭教育。父母从小对他的要求就特别严格，甚至于近乎苛刻，在说服教育不奏效的时候，就会采用经典的棍棒教育方式。

被打，是很多孩子童年最痛苦的经历，但当时过境迁长大成人后，这些经历却往往是我们最值得回忆的过去。不过，因为每个人天性的不同，并不是每一个人在父母的棍棒教育下都可以成长为学霸。有的孩子只会越打越皮，到最后要么破罐子破摔，要么练成了铁臂铜身。

有一条新闻，令人十分震惊。2019 年 4 月 17 日晚上 10 点，一名少年在上海卢浦大桥跳桥自杀。据说，他在学校与同学产生了冲突，遭遇了母亲的一通批评。母亲载着他途经卢浦大桥时，不知为何将车停在危险的路中间，少年随即打开车门纵身跳下大桥。

这是一个极端的例子，但这样的例子并不是个案。美国疾病控制预防中心曾对上万名学生做过一项调查，数据显示有

15% 的青少年曾经严肃地考虑过自杀。如果你是父母，在打之前，一定要考虑好该怎么利用“打”来真正地教育孩子，否则，打了白打，甚至还打出事来。

其实，最好的痛点，还是自己给自己制造。大家应该都知道巴甫洛夫的条件反射实验，我们也可以用这一理论来改掉自己的坏习惯。举一个小小的例子，我们可以在手腕上戴一些橡皮圈，每当我们做了坏习惯的事情时，就用弹橡皮圈来惩罚自己。时间一长，我们便会对坏习惯产生条件反射的抵触心理了。这一条或许并不适合于所有人，但你也可以考虑一下，就是向某个人做出承诺。例如，你的目标是更健康的生活方式，而你却破例吃了炸薯条或抽了烟，那么，作为惩罚，你就要给你的朋友 100 元或 500 元罚金。处罚自己的方法有很多，你可以自己去想去设定，但其中的要点就是要让自己明白，越雷池一步，就会遭受痛苦的惩罚。

处罚一定要让你感到心疼才行。如果这个处罚你并不在乎或者你感觉不到疼，那么，也就无法刺激你去采取改变行为了。

来根胡萝卜

外在驱动力除了处罚，更重要的方式是要奖励自己。毕竟，快乐可以让我们喜欢上改变，而不是厌恶或者在苦痛下不得不为之。要长期坚持改变是一件不容易的事情，改变一个坏习惯更为不易，为此，在每一次自己得以做出细微改变和努力之时，可以给自己适当的鼓励，告诉自己这么做很好，下次接着努力，让自己潜意识内向着好习惯能再进一步。

我相信很多人都会有这样的感受，虽然我们每个人都在日复一日地行动着，但是，我们的这些行动大多依靠的都是外在驱动力。人有两条主要神经回路：一条是理性的、思辨的；另一条是感性的、情绪的。我们要让自己有动力，要奖励自己，绝不能仅仅只是物质方面的奖励或者是父母和别人的赞美。如果我们对自己所做的事情没有任何激情，同时也不能从中获得快乐，那我们就会缺乏一种充实感和满足感，也就感受不到那种源自内心的幸福感。没有这个，又哪来的动力去行动，去改掉坏习惯呢?

如果我们要改掉坏习惯，我们必须在改变中获得快乐，否则，我们很难会对这件事情产生激情。同时，如果我们能够在内在驱动力上再加上一些外在驱动力，比如这件事情本来就是我们喜欢做的，但是，如果我们能够通过做这件事情获得他人的认可，并且得到相应的回报，那么，这时我们的动力就会增加，我们感受到的快乐和激情就会越强烈。

人的一生就是一个认清自我、接纳自我、提升自我的过程。我们在改掉坏习惯的过程中，如果取得了成绩，一定要及时奖励自己（如图4–2所示）。给自己的每一个改变设置一个小奖赏，这个小奖赏不需要太大，但是要马上可以兑现。

比如，今天要是没有使用旧的坏习惯，而是顺利使用了新的好习惯，我就奖励自己一餐最爱的美食；一周下来，如果一切顺利，我就奖励自己看一场新电影。

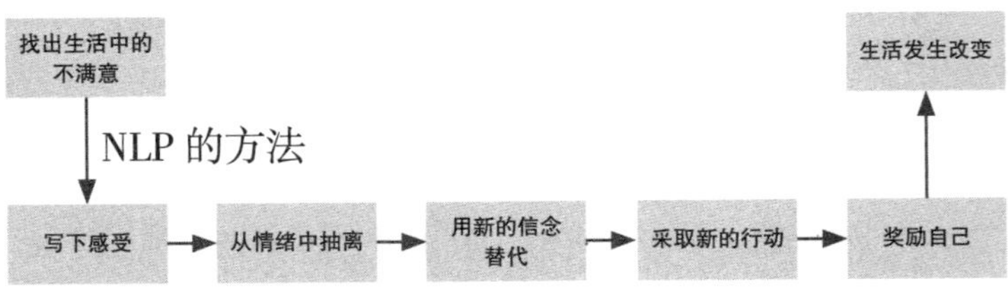

图 4–2　用 NLP 的方法改掉坏习惯

这一招背后的逻辑很简单，用自己喜欢的东西转移注意力，减轻改掉坏习惯的痛苦和不适，把对痛苦的关注变成对奖励的期待。取得一点成绩之后就奖励自己一下，一点一滴地积累，你会感觉到成长的快乐。

另外，要事先做好改掉坏习惯过程进度的规划，这样你才有时间来重振精力，奖励自己。请回头再看看前面说的第一招和第二招，千万不要在改变坏习惯这个事情上急躁和贪婪。你肯定不是战无不胜的，因此，你需要不时地停下来喘口气，补充能量再上路。所以，做一些让自己感觉良好的事情，每当你达成了一个改变的目标或是达成了每个目标前进道路上的“一小步”时，记得奖励自己。你应该得到奖励，即便这个奖励只是出门散个步，给自己放松一下。

看完前面的第一招，现在你应该有了渴望改掉的坏习惯，并蠢蠢欲试了吧。我不想给大家泼冷水，但是，在改变坏习惯的过程中，困难在所难免。很多人会被途中的绊脚石绊倒或是被自己的惰性牵扯。我想跟大家说，改掉坏习惯的这个过程并不应该是一份痛苦不堪的经历,而应该是一个让人开心的旅程，关键在于学会分阶段激励自己。

在改变行动还没开始前，就应该写下“如果我坚持了一周或者做到哪个程度，就可以获得奖励”。这时，那个一直想吃却没吃的大餐，可以有；那个一直想买却没买的靓包，可以有；那个一直想却没满足的或大或小的要求，可以满足！如果自己奖励自己你觉得还不够补偿自己的伟大，你也可以找到支持你的亲朋好友来为你歌颂。总之，为完成了改掉坏习惯这个目标的自己庆功吧！

我一直比较喜欢诗词，偶尔也自己写一点，自娱自乐一番。但实际上，我读的诗词并不多。后来，我给自己定了个目标，第一个月背 30 首，第二个月背 40 首，第三个月背 50 首，每完成一年的计划，我便狠狠地奖励自己一份心仪的礼物。

当我完成第一个月的目标时，我奖励自己吃了一餐心仪很久的日料。

当我完成第二个月的目标时，我奖励自己买了一个喜欢的耳机。

当我完成第三个月的目标时，我奖励自己买了一个Kindle。

分阶段激励自己，会让你在坚持的过程中感到快乐，看着自己一步一个脚印的努力，你会很兴奋，你知道你正在越来越好，越来越接近成功。同时，你也会越来越自信和拥有激情。激情意味着这种动量能够保持下去，而且，我们可以从中获得持续的快乐。有了持续的快乐，改变也就能持续下去。慢慢地，你的坏习惯将一点点地被改掉。

世界往往是不公平的，这是常态。我们可以接受这些，但是，我们还是有权利给自己一个选择，选择给自己一份奖赏。如果你真的想告别坏习惯，形成新的好习惯，并且开始采取行动，那么，请一定要奖励自己。如果我们在生活中经常能够体验到这种奖励的快乐，那么，我们的生活就会感到非常充实和满足。来吧，还等什么，开始你的改变，让自己收获奖励。

创造可见的结果

还有一个非常重要的建议就是在我们改掉坏习惯的这个过程中，一定要努力创造一系列可见的结果，或者说要有持续的产出。一方面持续的产出能够促进我们进一步执行后续的改变行动，帮助我们提高改变的效率；另外一方面，当我们把自己的行动成果转换成某种具体的产出、看到了一种结果的时候，我们就会有一种成就感。这种成就感又将转化为我们继续前行的动力。这种产出的具体形式就根据你做的事情来定，可以是文字形式，也可以是图片或者音频、视频都可以。

美国小学课堂有一个常用的方法——行为合同，是美国老师通用的解决学生行为问题的办法。老师和家长让孩子自己想出他需要实现的目标，和老师或者家长约定时间，来审阅这个目标如何实现，老师和家长届时再根据实现程度给予奖励或处罚。说来也奇怪，虽然制定合同的过程非常简单，但却非常有效——只要签了合同，孩子上课会变得非常规矩，还会争着有好表现，以求拿到更好的分数！我们也可以把它拿过来用。

第一，先设定好你要改掉的坏习惯。

第二，像签合同一样，把定好的要改掉的坏习惯写下来，并且设定一个一起审查结果的时间。到了约定的时间，如果自己达到了既定目标，那么应该有奖励。如果没有达到既定目标，就需要头脑风暴想出别的方法。如果最后没有实现，你需要有处罚措施。记下你的具体奖励和处罚是什么。

第三，签订好合同以后，你就需要用行为监督表来增加好的行为，减少不好的行为。表 4–1 是一个很简单的行为监督表。你也可以自己画一个。

表 4–1 行为监督表

行为监督表								汇总
星期一								
星期二								
星期三								
星期四								
星期五								
星期六								
星期日								

每次当你做了一个好的改变的时候，你就在表格里放一个笑脸或是打钩。还记得前面说的十分之一快乐法则吗？你要设定一个小目标，例如赢得三个笑脸就可以有一个奖励。注意用我们第三招里面说的“使用好的暗示”，把这个表格放在家里醒目的地方，你随时能看得到，这样能提醒自己记得遵守规矩。

假如你担心自己的意志力不足以推动你的改变，如果可以，你最好能找个人来监督你。每天睡前向监督人报告你的行为，如果方便，最好表格可以每天让监督人签字。这个监督人可以是你的父母、你的妻子或者孩子，也可以是你心里的女神，只要是你在乎的人就行。

把改掉坏习惯的每一步都变成可以看见的成果，这是一个非常重要的方法。从你改变的一开始就应该这么做。我在健身时就特地挑选了两款健身软件，在一个软件上制定了自己的健身计划，从初级到高级，设定每天完成的目标和期限。该软件可以将做类似运动的人都展现出来，大家可以建群互相激励。另一个软件是和一个体脂秤捆绑在一起的。每天我用第一个软件做健身，然后发到群里打卡，顺便激励一下其他伙伴，同时，我也会得到其他人的表扬。这个软件每隔一段时间会要求我进行一次体能测试，展现出我身体的变化。另外，我每天早上起来，第一件事就是用体脂秤称体重，另一个软件会显示出我的身体的各项数据：体脂率、肥胖度、肌肉率……看着每天的记录在一点点变好，我每天都充满了动力。

第五招　循序渐进

习惯仿佛一根缆绳，我们每天给它缠上一股新索，要不了多久，它就会变得牢不可破。

——曼恩

第五招叫作循序渐进。虽然这个时代很浮躁，大家做事都很着急。但是，饭要一口一口地吃，路要一步一步地走。我们改变坏习惯也要一点一点地改。你已经养成了坏习惯，它已经在你的大脑里形成了牢固的神经回路。我们要切断它并不是一件容易的事情。土耳其有句谚语："着急做事，魔鬼插手。"忙忙碌碌的人总觉得自己应该把该做的事情赶紧做完，但我觉得，如果我们总要匆匆忙忙地做事情，我们一定是做得太多了。如今，绝大多数人都说自己要做的事情实在是太多了，压力实在是太大了，但是，他们忘了一点：工作日程是他们自己安排的，而且也只有他们自己才能改变。我们是否真的有必要做所有的事情？是不是每件事情都能做得好呢？我想，这个问题的答案大家都心知肚明。

步步为营

循序渐进的改变更持久。还记得第二招——“从小做起”吗？要学会分解困难,把我们的心理阻力降到可以接受的范围。这实际上就是在强化行动的理由和弱化停止行动的理由。婴儿学步的原则就是要尽量把行动划分到很小，细水才能长流，任何打算一口气吃成胖子的做法都是不科学的。如果刚开始觉得兴致满满，刚好把精力剩余出来，留给第二天作为动力。假如你戒烟的话，你可以从每天抽一包，慢慢减少到半包，然后到一根。

改掉任何一个坏习惯都不是轻而易举就可以实现的，所以，我们需要循序渐进。“九层之台，始于垒土。”任何一座高楼大厦都是从一罐水泥、一块砖开始建设的。因此，针对坏习惯，我们每天就改变一个小目标、每周完成一次小挑战，把一点一滴的小成就逐步地累计起来，最终会积小胜成大成。

同时，每天都完成一件事情的获得感，也会让你在第二天更有动力去坚持。如果一开始便不顾一切地花费大量的时间和精力，你会感到不适应和疲惫不堪。最理想的办法是“循序渐进，逐日增加投入”。你还会发现，刻意地从你每天的生活中拿出一小段时间来额外做一些事情，会让你感觉到你的每一天都没有被虚度，你每天都在用你的一点改变证明你在重视自己的生活，这种额外的循序渐进的成就感累积起来，就会变成很大的坚持动力。不要被改变的未知恐惧打败，循序渐进，就可以养成令你受益终身的好习惯。

以健身为例，如果你选择了高强度的健身方案，三个月增肌四十磅，你会感觉很不错。对着镜子，你会看到自己的身材和肌肉非常明显的变化。然而，要想短期内达到这个目标，需要高强度的训练、严格的食物摄取，还需要强大毅力的支撑。很少有人能长时间坚持下去。

如果你看过电影《激战》，里面的张家辉成为无数人的健身偶像。实际上，在拍摄前，因为基础太差，张家辉每天都要高强度锻炼好几个小时，一共练了 9 个月。拍《激战》前，他硬生生把自己逼成了肌肉男！不过，因为太辛苦太难熬，电影拍完后，张家辉就停止了这样的运动。虽然他没有变成大胖子，但原来的肌肉块已经很难看见了。

但是，如果你循序渐进地健身，每天一小时，每周四次中等强度的训练，根据你自己的实际情况，循序渐进地增加训练量，听从自己身体本身的召唤，在增肌的同时加上 HIIT[①] 运动

① HIIT 是 High-intensity Interval Training 的缩写，意思是高强度间歇训练法，用来练习心肺功能，冲击速度，配合其他训练，减脂效果明显。

或者跑步等有氧活动，不但你的肌肉的成果会更容易保留下来，而且你的身体会更健康。科学研究一再证明了这一点，它也适用于任何一种改变。随着时间的推移，循序渐进地改变，才有可能坚持下去。这比试图一下子彻底改变要靠谱得多。

触手可及

我有一个微信群，每到年底，我们群里的伙伴们会组织在一起，办一个春节晚会，大家各自出些节目，热闹一下。因为豆豆学琵琶的原因，于是，我决定在春节晚会上也表演一个节目——弹一首琵琶曲。然而，事实是我并不会弹琵琶，我也并不想真的去学琵琶，只要能弹一首曲子就好。我想了想，在网上搜了一下怎么学弹琵琶，问了问豆豆，和他商量好教我。虽然我知道 21 天未必能养成一个习惯，但我并不想在这个事情上花太多的时间和精力。所以，我就定了一个 21 天的学习计划，我还制作了一个带 21 栏的表格，把它贴在墙上，弹一天琵琶就在上面画一个勾。我对三周后达成以下四点目标感到很有信心。

- 我会有一个画满 21 个勾的表格。
- 每天弹琵琶会成为生活中自发的、固定的一个部分。

- 我能完整甚至熟练地弹奏一首曲子。
- 我会变得更加快乐、自信。

可是，这世上不如意之事十有八九。三周后，我不得不带着厌恶和羞愧的心情把表格撕了下来。我盯着表上零零散散的几个勾和大片的空格子，感到了失望和尴尬。我失败了，我没能学会一首曲子，仅仅是知道了几个音节怎么练习。更糟的是，我为自己这么快放弃而感到震惊和沮丧。一个积极倡导好习惯的自律者本应更好地遵循他自己的建议的。但现在琵琶就放在豆豆的房间里，和我只有一墙之隔，我却没法拿着它弹上一曲。到底是出了什么问题？

我开始仔细地回想我学习的过程。好吧，一开始豆豆就不是一个靠谱的伙伴，他只在第一天教了我第一个音节的指法，然后小手一挥，说“去练习吧”，然后就再也没管过我了。

当然，不仅是豆豆不上心，我自己后来也因为工作的原因，回家就不想动，更别说练习弹琵琶了。当然，从卧室到豆豆的房间只有几步之遥，但我总是没想到或者根本不想走过去。

我也曾努力用意志力来克服这一障碍，但只坚持了几天后，我就根本不想动了。琵琶在豆豆的房间，我既看不见，也摸不到。如果不靠自我控制，至少在一段时期内我养不成弹琵琶的习惯。所以我想：如果我不用花上 10 秒钟走到豆豆房间就能拿到琵琶，结果又会如何呢？

春节晚会是彻底没戏了，在春节过后，我又制订了读书的计划。这次，我吸取了弹琵琶的失败教训，我决定把书放在任何时候我都能随手拿到的地方。我挑选了几本我打算读的书，一本放在我的书桌上，一本放在我的床头，一本放在我的车里，一本放在我的办公桌前，还有一本放在我的背包里。这次我发现，不论我走到哪里，都有一本书在等着我。有时，当我想放松或闲下来的时候，书就会出现在我的眼前，它的封面好像突然就变得那么刺眼，它在提醒我“打开我，快打开我”。

在一个月的时间里，我读了 4 本书，这是我从未有过的高效率成果。

事实上，任何曾经试图养成某种习惯的人都经历过这种与意志力的较量和失败。正如每一位减肥者会告诉你的那样，完全依靠意志力来抵制美食几乎总会故态复萌，当你能看到或接触到食物的时候，你很难抵抗住它们的诱惑。还记得第三招“替换诱惑”吗？如果你要改掉一个坏习惯，你需要把所有阻碍你改变的诱因都拿走。反过来，如果你要保障你的改变行为能持续下去，你需要把想要达成的行为置于阻力最小的路上，让取琵琶和弹琵琶所花费的过程和努力比回避它更少。这就是我在这里推荐的“10 秒法则”，如果你在改变之路上遇到的障碍每次会阻碍你 10 秒钟以上，那么，你将很难改掉你的坏习惯，你需要把阻碍尽可能降低，让你轻松就能跨越它，而这就是帮你养成一个新的生活习惯所要做的全部事情。

繁忙的生活常常令我们分身乏术，跑腿、工作，还要应付如潮水般涌来的微信和E-mail……我们只能被动地防守，不让自己被严重损耗。我们无法把握节奏，养成良好的习惯，过上自我实现的生活。我们在纷繁复杂的环境中身不由己，很难想得起自己到底想要什么，又应该如何去做。请记住，我们越是努力地“握住”，最终就越难做到。我们不能保持改变的原因在于过度依靠意志力。我们运用的意志力越多，意志力就削弱得越多。许多不同形式的自我控制汲取的是同样的资源或自我控制力量，这种资源非常有限，所以容易耗尽。我们的大脑非常勤快，它要做的事情非常多，要控制身体，要思考和记忆。但是，正因为大脑要兼顾的事情太多了。所以，当你在改掉坏习惯的时候，我们的大脑并不希望我们的改变行为耗费它太多的精力。如果你能让你的大脑感觉到轻松，那么，它就不会和你对抗，阻碍你改掉坏习惯。

所以，在你改变坏习惯时，要记住：一定要把改变的行为变得随手就能做到。把你想要用的东西放在你随手能够到的地方。如果你想改掉赖床的坏习惯，睡觉时就把第二天要穿的衣服随手放在床边，而不是衣柜里，这样就能让你快速起床。如果你想要每天多喝点水，确保你打开冰箱的第一眼就能看到水瓶，把你的保温杯放在办公室的桌子上你抬手就能碰到的地方。如果从明天起就要去健身房，把你的训练鞋放在家门口。让你想做的一切都触手可及，这一点很重要。

第六招　浓妆淡抹

仪式感就是使某一天与其他日子不同，使某一个时刻与其他时刻不同。

——《小王子》

改掉坏习惯的第六招是“浓妆淡抹”。何谓浓妆淡抹？其实是指在改掉坏习惯的时候，我们采取的行动和行为要有仪式感。

那么，“人为什么要有仪式感？”

在知乎上有个高赞答案是这样回答的：仪式感为每一个普通的日子和动作，标定它背后的精神内涵。

那么，我们要改掉坏习惯，为什么也需要仪式感呢？

我一直相信，仪式感对我们改掉坏习惯而言，庄重而有意义，它足以让平凡的改变行为散发出不一样的光芒。

美剧《绝望的主妇》里有这样一段话：“无论身心多么疲惫，

我们也要保持浪漫的感觉。形式主义虽然不怎么样，但总比懒得走过场要好得多。”

很多人的生活之所以平淡无趣，其实正是缺乏了仪式感。很多人改变坏习惯的行为会失败，也是因为少了仪式感。

在电影《蒂凡尼的早餐》里，赫本喜欢穿着黑色的礼服，打扮优雅精致。在蒂凡尼的橱窗前，温柔从容地将早餐吃完。她享受每一天，每个清晨，每个瞬间，她让手中的可颂面包与热咖啡，如同盛宴一般。

对于爱来说，仪式感就是尊重。而对于改掉坏习惯的行动来说，仪式感表示了你对改掉坏习惯的重视和用心程度。仪式感的目的，就是让自己感觉是在真心地做事，真正地想要去改掉自己的坏习惯，而不是随意、随性和随便。仪式感通过自我暗示，可以帮助自我实现。这跟你面试一穿正装就觉得有精英范儿，穿上裤衩就像要去撸串，其实是一个道理。

在改掉坏习惯上，我们需要给自己创造一个充满仪式感的奋斗环境。

我们经常说“心诚则灵”，我们相信，只要虔诚，愿望就一定会实现。很多时候，“心诚”确实会帮助我们实现一些愿望。因为“心诚”，意味着我们有强烈的动机去做某件事，动机会激励着我们的行为，去为实现愿望做最大的努力。这其实是一种自我暗示。当我们沉浸在仪式的氛围中，更容易受到这种自我暗示。

对于很多父母而言，对孩子常规的习惯养成教育多是“不许”教育：用餐时不许讲话、上下楼梯不许蹦跳等。洛克曾经说过：“儿童不是用规则教育就可以教育好的。因为规则总是会被他们遗忘。你觉得他们有什么必须要做的事情，你应该利用一切时机，甚至在可能的时候创造时机，给他们一种不可缺少的练习，使之在他们身上固定起来。”那么，怎样的练习才是儿童乐于接受并能乐此不疲地自觉练习成习惯的呢？我认为，只有在生活细节中植入仪式感，让孩子们感觉这与众不同并产生兴趣，习惯才可能在儿童心中生根。

每天临睡前，我都会和豆豆一起刷牙。他每次都是很快刷完，把牙刷随手一丢就跑了。有时，他连牙膏盖都没盖好。有一天，我特地选择在他之前把牙刷完。然后，我十分正式地把牙刷放进口杯，嘴里说着：“谢谢你，牙刷。”再把牙膏很小心地放回原处，摆放整齐，嘴里说着：“谢谢你，牙膏。”

豆豆看着这一幕，完全惊呆了。我也没解释，转身走了。

第二天，我继续这样做着。话还多了些：“谢谢你，牙刷。感谢你把我的牙齿刷干净了。”（其实，我心里快笑得憋不住了。）

豆豆终于忍不住了，问我：“老爸，你这是在干吗呢？”我很严肃地告诉他：“我在感谢牙刷呀！你看，如果不刷牙，我们的嘴巴每天都会臭臭的……牙刷帮了我们这么多，我们难道不应该感谢它吗？”

豆豆一脸懵地看着我：“哦，这样呀！”随后，他刷牙的动作明显慢了下来，认真了许多。再以后，每次刷牙豆豆都会和我一样，认认真真地刷牙，然后认真地把牙膏、牙刷摆放整齐。他对待刷牙这件事，再也不是随心所欲的样子了。

你看，生活本身就摆在那里，它在你面前呈现出什么样子，其实完全取决于你自己的心态。仪式感可以唤醒我们对于自己内心的尊重，因而也能去尊重自己的生活。虽然看上去是一场仪式，但很多时候是给自己一个契机去迎接一个全新的开始，或是正式告知自己与一段过往决裂。

我想，这就是仪式感带给我们的意义。它让我们赋予行动以价值，让我们的改变获得意义。如果你有改不掉的坏习惯，请扪心自问，你真的发自内心地重视它，并想改变它吗？

愿我们都保有属于自己的仪式感。

第七招 “出卖”自己

真正拉开人与人之间差距的，是在没人要求的时候你能否不放弃努力。

——田志刚

有一个超燃的运动软件APP，它有一句广告词很吸引人——“自律给我自由”，很多人看完之后热血沸腾，跃跃欲试，也要过那种“通过自律从而获得自由”的人生。

不过，现实总是有点残酷的，自律对每一个人都不是一件简单易行的事情，自律往往意味着你要逼着自己做那些不喜欢、不惬意、不舒服的事。很多时候，虽然明知道我们有必要做某件事，必须要改掉某种坏习惯，但大多数人都不太能做到坚持。

很多时候，我们都是三分热度，刚开始热情高涨，会去积极地开展改掉坏习惯的行动，但当激情过去，我们的改变行为往往也就结束了，然后回到原来的样子。很多人想改变，却总是三天打鱼两天晒网；很多人想成长，却在成长的路上一步一回头。想要和得到之间总是差了一点——做到。

例如，很多人都想养成阅读的习惯，但在平时，这些人往往会拿起一本书看上几页或几天以后就放到了一边，然后他们可能会说，自己不爱读书或没有可以读书的环境，随之就心安理得地把书丢到一旁去了。实际上，“我不爱”“我不能”这些口头禅只会让事情更难做，而且越发索然无味。同时，有了这样一个理由为自己开脱,我们将不再沉浸于内心的不安当中，我们的大脑会告诉自己，不是我不想继续，是因为这样的原因导致我不能继续，所以，我可以从容地放弃这件事了。

那么，怎么让自己做到在内心驱动力或意志力不足的情况下能继续坚持下去呢？

几个世纪以来，人们一直在研究改变自我的方法。“出卖自己”就是一个非常简单且十分有效的方法。它可以帮助我们在自身动力不足的情况下，依靠外在和他人的力量来推动自己去改变。既然我们的大脑已经屈从于旧习惯这个固有模式，那在我们自身力量无法撼动的时候，我们就要“出卖”自己，把自己暴露在大庭广众之下，让自己在别人的眼光下羞愧难当，从而利用不愿让自己丢脸的心理，促使自己做出改变的行为。

怎么做？很简单，你要把自己的目标说给亲朋好友听，让他们来督促自己改变。要是你把开始戒烟或一周至少锻炼三次的计划告诉你身边的人，他们也就会帮忙监督你。

当你决定戒酒时，告诉你的好朋友，并且给你最好的朋友500元（或者一个让你心疼的金额），告诉他，只有你成功戒酒后才能还给你，这便达成了一项约定。当我们和别人达成约定后，我们就会尽量去遵守约定，这一压力可以帮助我们改掉坏习惯。

在心理学上，当你向别人许诺时，你就形成了心理学家所说的“后效强化”这么一种情况。每个人在做出承诺的那一瞬间，内心都是渴望自己能实现承诺，并得到相应的嘉奖的。同时，在那个时刻，我们都不想违背承诺得到惩罚。在开始行动后，我们都清楚，如果食言，面临的就是惩罚。这将给你带来心理上的压力，而通常这也正是你所需要的。适当的压力会转化为动力，促使我们开始行动。

这就是“出卖自己”的核心，给自己创造一个监督和惩罚体系。

几十年的研究已证实了这一措施的效力。在1994年，弗吉尼亚理工学院和州立大学的达纳·帕特南等研究人员证明，做出书面承诺的病人远比未做出书面保证的病人更能按医嘱服药。夏威夷大学玛莉·卢考和乔尔·费希报告过一位妇女的案例，这位女士使自己坚持慢跑的方法就是和丈夫达成一项简短的协议。无论何时，只要她实现了慢跑的目标，丈夫就给她一些零钱，并在周末陪她出去玩。

我在豆豆锻炼上也是采用这样的方式。夏天快来了，豆豆渴望能有几块腹肌可以向同学们显摆一下。对于这样的要求，我当然支持。我和他一起制订健身计划，并且和他一起选择同一个时间一起锻炼。在运动的过程中，我会纠正他的动作，并且和他探讨运动的感受和心得。这远比一个人单独运动要有趣得多。并且，我和他都会把每天运动的结果发到朋友圈里，同学们的点赞让他热情高涨。豆豆是个很懒的孩子，但通过这样的方式，他竟然坚持了下来。甚至每天一到时间点就会跑来叫我："老爸，我们一起锻炼吧！"

当然，有时候我也会使坏，如果他运动量停滞不前或没有运动，我会在朋友圈里给他"曝光"。看，就这样，给你自己找个有效的监督和惩罚系统，找到可以对你"下毒手"的人。事实上，我们每个人都希望自己的努力被看到，每个人都想得到旁人的肯定，每个人都愿意成为脱颖而出的那一个。他人的关注也能成为我们继续行动的理由。一方面，我们会因为不想他人对我们失望而努力坚持；另一方面，他人的认可和赞美对我们来说也是一种莫大的鼓励，也是我们继续下去的动力。那么，让外来的压力变成我们内在的动力吧。当你内在的动力增加了，自然就有行动了。

最后，我要提醒大家一点，这种监督和惩罚一定要是你可以接受且不会引起你的反感的。如果监督过于严密或者惩罚的方式让你厌恶，那么，我们的大脑不但不会转化这种压力为动力，反而会产生抵制这种压力的阻力。太多事实证明，强行的压制往往是无效的。甚至有时候，这种控制可能是失控的开始。注意“羞愧”和“羞耻”这两个词，我们“出卖自己”的时候，如果让自己对自己的行为感到“羞愧”,这个程度是可以接受的，我们会因为内疚和惭愧而愿意去改正；如果你感到“羞耻”，我们的自尊心将会奋起反抗这种“耻辱”，它会让我们选择逃避或者抵制我们改掉坏习惯的行为，结果只能是失败的。

第八招　捆绑销售

> 所有的小事，把毫无相关的一切联系起来。要了解真相，就要从混迹于和我们无关的所有词中找到那些和我们相关的。
>
> ——赫塔·米勒《国王鞠躬，国王杀人》

有一种记忆法效果很好，叫作“连锁记忆法”。连锁记忆法是在记忆的时候，将每一项你需要记忆的资料像锁链般连接起来，使之环环相扣的强力记忆方法，又叫环扣法（如图4-3所示）。我曾用该方法在参加一次全国培训师大赛时，几秒钟就记住了毫不相干的10个单词，震惊全场。

来，我现在就可以教你。举个例子，有10个单词：

苹果、金枪鱼、衣架、小鸟、望远镜、胡萝卜、大猩猩、戒指、手、马桶

图 4–3　一环扣一环——连锁记忆法

普通人要记住这 10 个单词，一般需要死记硬背 5 ~ 10 分钟。但如果我们用连锁法，几秒钟就够了。

我是这么记的："一个又大又红的苹果出现在我们的眼前，金枪鱼穿过奇大无比的苹果并卡在其中，衣架挂在了金枪鱼的尾巴上。小鸟站在衣架上沐浴着春风、吹着小曲，正拿着望远镜欣赏远处菜园里各种新鲜的蔬菜，突然，一根又大又长的胡萝卜出现在它眼前，而且这个胡萝卜被一只大猩猩咬在嘴里，再一看，有一个超大的戒指套在大猩猩毛茸茸的手上，然后这只手又在使劲地掏着马桶，好恶心呀！"

看，把一个个单词关联起来，前面一个带出后面一个，环环相扣。运用这种方法，你将在一个短得令人吃惊的时间里按顺序记住它们。不信，你可以试试看。

实际上，科学已经证明了，世界上任何事物都是具有某种联系的。有一个数学领域的猜想，名为“Six Degrees of Separation”，中文翻译为“六度分割理论”。六度分割理论来源于 1967 年美国社会心理学家米尔格伦提出的一个“六度分离”理论。简单地说，该理论认为在人际交往的脉络中，任意两个陌生人都可以通过“亲友的亲友”建立联系，这中间最多只要通过五个朋友就能达到目的。六度分割的理论证明了一个很普遍的客观规律：社会化的现代人类社会成员之间都可能通过“六度空间”而联系起来，绝对没有联系的 A 与 B 是不存在的。

这表达了这样一个重要的概念：任何两位素不相识的人之间，通过一定的联系方式，总能够产生必然联系或关系。同样，我们在改掉坏习惯上，其实也可以这么做。在我们个人身上，我们每个人作为一个整体，也相当于一个小社会，我们身上存在各种各样的习惯，有好有坏。我们可以通过一个已经存在的好习惯去联系上一个我们希望改掉的坏习惯。把它们关联起来，用好习惯去带动坏习惯的改变。锁定一个你一定不会忘记的习惯，以此培养新习惯，我称之为习惯连锁法。这就是改掉坏习惯的第八招——“捆绑销售”。

习惯连锁法，是用一件注定会发生的行为习惯，来锁定另一个等待养成的行为习惯。这种方法特别适用于发生时间不确定的事情。有时你改不掉一个坏习惯,并不是因为你没有毅力,而是因为你忘记要去执行你的改变计划了。比如运动，今天是7点运动,明天可能就是8点。比如学习,今天可能7点有时间,明天或许是9点才可以开始。由于时间的不确定，我们在改变的过程中会很容易忘记。如果你想改掉一个习惯，可以把这个改变行为尽量放到已有习惯的实现流程中，把新的行为和一个已经具有的非常熟悉的习惯关联起来，即把一个新行为习惯和一个旧的行为习惯绑定起来，这样便不容易忘记。我刚开始健身的时候，因为还没有养成健身习惯，老是忘记，后来我就设置了一个关联事项，因为我每天起床后会去喝一杯水，每天晚上回家后，我也必定会喝一杯水，这是我常年已有的习惯。我特地准备了一个杯子，在杯子上贴了一张便笺，上面写着“喝完水，健身去，让你的血液晃荡起来”。在已有习惯的实现流程中培养另外一个新习惯，这样我们就不会忘记了。

那为什么我用便笺，而不是手机闹钟来提醒自己呢？因为看到闹钟亮起的界面时，我的第一反应是快速关掉，而不是看上面的闹钟说明。

一般介绍习惯养成的书籍，都强调“什么时间做什么事”，久而久之形成习惯，但这在实际应用中很难。因为我们的生活并不是每天都一成不变的。我们做事情和我们的习惯，有的可以在固定的时间做，但也有很多是没法在固定的时间去做的。如果都用闹钟等来确定固定时间，很容易给自己带来巨大的压力，也让自己的生活失去弹性，丧失快乐。请记住，无论你用什么方法改掉坏习惯，你想改掉什么样的坏习惯，都一定要想办法尽可能地在改变的过程中给自己制造快乐、减少痛苦。“捆绑销售”的目的也在于此，用熟悉的习惯动作顺带着一个尚未熟悉的改变动作，我们的大脑对此的抵抗阻力就会变得小很多。

第九招　持之以恒

普通人的努力，在长期的复利下，会积累成奇迹。

——罗振宇

事实上，习惯是作为我们大脑中针对某项任务而被固定的一整套自动流水线。为达到以较少的资源耗用，启动复杂行为，实现高效快捷的目的，它在我们大脑中实际上是被我们的潜意识操控着的。这样做的好处是显而易见的，我们大脑不再为这些已经固定模式的事情所费心，可以把更多的精力放在了那些非常规性的事务上。

但从另一个角度看，这样也带来了不好的一面，一旦行为动作在我们的大脑中固化为习惯，我们将很难改变它。

在现代精神分析心理疗法看来，改变和影响一个人的潜意识，是非常艰苦的巨大工程。这就决定了，真正意义上的精神分析治疗必将是漫长的（大约在 100 ~ 300 小时，最长可达数千小时）、耗时的、费力的。这对于治疗师和患者来讲，都是一次巨大的挑战。当然，在巨大的代价和付出的前提下，回报也是巨大的。

其实无论什么事，成功都没有捷径，你没有坚持 3 个月，就没有发言权；没有坚持 3 年以上，就不能说自己懂；没有坚持 5~10 年，就不能算专家。习惯也是如此，改掉坏习惯不是一朝一夕的事情。好习惯是可以养成的，而坏习惯也可以通过坚持不懈的努力来克服。改掉坏习惯说难不难，说易不易。简单的是我们知道坏习惯不好，困难的是我们不能坚持下去。先给自己一个方向，然后朝着那个方向努力，每天改掉一点坏习惯，坚持一段时间，才能彻底改掉坏习惯。所以，请你试着改变习惯，从而去改变人生。一开始可能会很难，但勤奋和耐心会为你铺就成功之路。

根据行为心理学的研究结果：3 周以上的重复会形成习惯；3 个月以上的重复会形成稳定的习惯。即同一个动作，重复 3 周就会变成习惯性动作，形成稳定的习惯。

以跑步为例，跑步就是一个帮助你改掉坏习惯很好的措施。跑步是一个从懒惰到勤奋的过程，这个过程会让你摒弃越来越多的坏习惯，拖延症也会被治愈。每个坚持跑步一年以上的人，都不会是一个懒惰的人。

我这里有个真实的故事，非常想讲给大家听。

我的初中同学，这里我暂且称她为J，J是个海归，在魔都的外企工作，堪称金领。长期坐办公室的经历使得她的身体处于亚健康状态，这让她非常苦恼。

于是，她想通过走路来改善自己的身体状态。

她从2014年开始走路，在237天后，她写下了自己的感受：

237天，花费169小时，行走942.04千米。

她在她的日记里记下了自己的变化：

理论数据总是和理论油耗一样楚楚动人，实际上我用了175天才形成了这个习惯，分界点就是从那时开始，再也不需要自我督促了，它变成了日常生活的一部分，有时候因为天气原因，几天不能外出，反而感到浑身不舒服。

身体变化：

【睡眠】我是典型的神经衰弱，环境、气味、声音、时间、压力……任何一项都可能导致我失眠，过去发作的频率很高，入睡难，容易醒，即使不失眠，也是整晚做梦，早上起来会感觉疲惫。快走以后，我的神经调节的能力得到明显增强，很多时候都是整夜无梦。当然，跟自己比起来是有了很大的改善，但是和那种沾枕头就能立马睡着的人相比还是颇有差距的。

2014 年 5 月，我开始尝试快走，对于一个过去能躺着就不坐着，能坐着就不站着的人来说，开始运动是一件非常不舒服的事。

2019 年过完年之后的某一天，走完 4.5 公里之后，突然感觉浑身轻松，周身通畅，回想起朋友最初描述运动完之后的感觉，很累，但是很舒服。

朋友说今天给自己找了个借口，明天又找了个理由……一周下来，就像泄了气的皮球，再也吹不起来了，放弃总比坚持来得容易。

每个人应该是不一样的，自我斗争的频率也不相同，也许有的人天天都在纠结要不要坚持，按照我的观点来看，还是放弃的好。

假如惰性只是间断性发作，按照科学的说法，85 天会形成一个稳定的习惯，那么，只要熬过去，一旦跨过这个阶段，当这件事已经变成习惯的时候，你就已经完成了自我改造，这个习惯就会成为你生命中的一部分，它会自然而然地不停地为你效劳，你就再也不会纠结了。

图 4–4　J 的日记内容

【皮肤】以前很容易长青春痘，现在是只长青春不长痘。

【抵抗力】以前淋点小雨、吹点小风必然会导致呼吸道感染，不吃抗生素就会愈演愈烈，我的电脑包里长期带着阿莫西林。现在遇到这种情况要么没事，就算有点症状，睡一觉起来就会得到缓解，过几天自己就好了，阿莫西林在过期前都送给别人吃了。

【疼痛】以前坐久了尾椎骨会痛，冬天左边手臂有时会发麻，现在此症状基本消失。

【双腿】以前经常感到双腿乏力、酸软，CT检查一切正常，现在此症状彻底消失了。

【体重】以前我也不胖，虽然现在体重只下降了一两公斤，但是，每个见到的人都说我瘦了很多，应该是体型发生了变化，以前绑在腿上的紧身裤现在都打起了褶。

在改变习惯上，如果一个人有目标和方向，即便他什么方法也不掌握，只要自己真的想学，有实践的机会，靠个人最原始的方式去摸索，持之以恒下去，便能有所成就。我们很多人不能改掉坏习惯的原因之一，是我们生活在急功近利的大环境里，总想着要马上得到一切，却不知道要为此付出努力和坚持。即便天资聪颖，掌握了很多方法与工具，却不愿意下功夫，那也很难进步。实际上，只有那些坚持不懈、永不放弃的人，才能改掉坏习惯。如果你想改掉坏习惯，你必须要有好的方法和改变的动力，并愿意为此付出长期的努力，愿意承担改变伴随的孤独与痛苦。

有足够强的毅力和持久的动力，是改掉坏习惯取得成功的决定性因素。习惯的养成向来都不是一件容易的事，但需要花费时间的事情必定有价值。总有一天，你会发现，这一刻的痛苦和努力，是雕刻在水晶上的生命之花。

可能有人会说，我如果能坚持下去，还需要看这本书学习吗？是的，我们能找出太多无法坚持下去的例子。我之所以把“持之以恒”放在最后说，是因为仅仅依靠意志力去坚持某件事情、某个习惯是非常难的。成功学总要你坚持，心灵鸡汤也总要你坚持，你的父母和一些好心人也总要你坚持，但是，我们总是无法做到。所以，我再次强调，如果你要改掉坏习惯，你需要认真分析你的坏习惯，彻底搞明白它的成因和本质，树立起正确的思维模式，针对性地调动你的内在驱动力，然后在实践中把前面说到的八招方法灵活加以运用。你可以根据自己的实际情况，采用其中的一招或者几招，并把这些适合你的方法持之以恒地运用在你改掉坏习惯的行动之路上。

后　记

成功不是一种命运，而是一种选择

我喜欢纯粹的东西，不喜欢酒里掺水，我也这样对待我的生活。

——杜尚

很多人都渴望让自己变得更好，而这也是我当时开课和现在写这本书的目的，我希望在追求自己美好生活的同时，也能带动和帮助他人一起成长。

不过，心理学家里斯等人的研究发现，人们并不像自己想象中那样愿意从根本上改变自己。很多人只愿意待在自己的“舒适区”。有意思的是，同样的研究表明，尽管人们不情愿发生根本的变化，但当一种人格和习惯向好的方面发生改变的时候，人们会变得更快乐。

作家六六说："你的成功，只有你自己能定义。你满意，你就成功了。"我很认同这句话。人生的每一个下一步，该向左走还是向右走，全由自己决定。有人说，人生如戏。但这出戏的剧本必须由你自己来写。

你想过要改变自己的坏习惯吗？你想创造更好的生活吗？你是怎么做的？

2018 年，有一部豆瓣评分高达 9.1 的纪录片《徒手攀岩》获得第 91 届奥斯卡金像奖，该片记录了美国攀岩大师亚历克斯·霍诺德 2017 年 6 月 3 日在无辅助的情况下徒手攻克美国约塞米蒂国家公园 3000 英尺（约 914.4 米）高的酋长岩（El Capitan）的全过程。

很早我就听说过酋长岩这座攀岩爱好者的圣堂，在众多的网络小说里都描述过威猛的男主人公是怎么徒手攀登酋长岩的。但在现实世界里，只有亚历克斯·霍诺德成功实现了这一惊人之举。

亚历克斯·霍诺德不是一个好胜或寻求关注度的人，甚至一开始选择无保护攀岩,其实是因为他不知道如何找人做搭档。霍诺德成长于酋长岩附近的萨克拉门托，他称自己从 2009 年就梦想着徒手攀登该巨石，此后尝试了一千多次，而徒手攀登酋长岩是自己的"终极目标"。在他最后爬上顶的瞬间，当他最后完成多年以来的梦想的那一刻，摄影师在那里依旧紧张地说："感觉肩上卸下了一副重担，我真是紧张死了。"亚历克斯的眼神在摄像机面前反而纯净得如一瓢没被污染过的水。但这一个镜头，却忍不住令人热泪盈眶。

为什么你不能突破自己，实现生命里的更多可能呢？

2019 年，江苏徐州丰县首羡镇王楼村人王存伟，一个自幼双腿肌肉萎缩，只能蹲着或者通过轮椅出行的人，为实现登高的梦想，去挑战登泰山。他说得很简单："我觉得正常人能做到的事情，我们残疾人也能做到。"

4 月 10 日，王存伟从泰山红门出发。常人只需花 1 小时左右的登山路，王存伟用了 8 小时。第二天早上七点多，就在王存伟到达龙门时，山上飘起了雪花。他依旧一步一挪地攀爬着。历经 23 小时后，他登上了南天门。虽然一路经历了远超常人的艰难险阻，但他从没想过半途而废。他说："从打算去的时候，我就没想过要放弃，做什么事情只要能坚持住，就绝对能做好、做成。"

你不得不承认，有时一个人的成功并非必须要有多么耀眼的优势，只要你够坚持、够努力，就足够了。

在生活中，我们只有认清自己有什么，明确自己要什么，努力地提升自己的能力与才干，拥抱可能性，开放地进行探索，然后努力去实现自己的目标，这才是每个普通人追求美好生活的真实状态。你才有可能有那么一天成长为自己想成为的样子，实现自己的人生价值。也许，很多时候，我们当不了主角，做不成大事，但我们至少能保证做好自己，能把自己的人生过好。我很欣赏杨澜的一句话：你可以不成功，但你不能不成长，也许有人会阻碍你成功，却没人能阻碍你成长。在这里，我希望大家能拿出你的决心，努力改掉自己的坏习惯，去收获一个不一样的自己、不一样的人生。

致谢

经过几个月的努力，整理过去多年的习惯管理心得，我终于完成了这本书。在这里，我想感谢一下给过我帮助的亲朋好友。

感谢我的鹏门师父王鹏程老师，他是一位被徒弟们称为“不正经”，却充满真诚、睿智、幽默与温暖的人生导师。人生的路上遇到他，是我的幸运。

感谢智读汇的柏宏军及其团队，他们给了我非常大的支持。

感谢贾杰、古典、张家瑞、林荫、白一苓、胡君、严俊杰等参与试读、提意见和建议、授权引用和给本书写推荐语的各位前辈老师和朋友。

感谢为本书思维导图和插图做出贡献的涂航、蔡晓洁，是他们让这本书图文并茂，增色不少。

感谢我的家人，特别是我的妻子和岳父、岳母，是他们的付出、支持与包容，才让我可以安心写作，完成这本书。

感谢我亲爱的宝贝豆豆和乐乐，谢谢他们来到我的生命里，让我拥有了作为一个父亲的骄傲与责任，让我能陪伴他们，跟他们一起成长。

感谢鹏门的伙伴们，谢谢他们陪我一起欢笑、一起学习、一起并肩前行，他们的支持、鼓励和帮助，都是我写书的重要动力。他们每一个人都对我很重要！

我要感谢的人还有很多，这里没法一一列出，比如对本书内容、案例做出贡献的同学、同事与学员；参与本书封面讨论、素材完善的诸多朋友……

最后，我想感谢所有的读者，感谢你们愿意花时间来阅读本书。因是初次出版，书中难免有欠妥之处，诚惶诚恐，望大家体谅。

参考文献

[1] [美]乔伊斯·梅尔. 好习惯，坏习惯[M]. 北京：中国人民大学出版社，2004.

[2] [美]斯蒂芬·盖斯. 微习惯[M]. 江西：江西人民出版社，2016.

[3] [日]古川武士. 如何戒掉坏习惯[M]. 江西：江西人民出版社，2018.

[4] [日]古川武士. 坚持，一种可以养成的习惯[M]. 北京：北京联合出版公司，2016.

[5] [美]查尔斯·都希格. 习惯的力量[M]. 北京：中信出版集团，2016.

[6] 武志红. 感谢自己的不完美[M]. 北京：中国华侨出版社，2014.

[7] [美]特奥·康普诺利. 慢思考——大脑超载时代的思考学[M]. 北京：九州出版社，2016.

[8] [美] 简 · 博克，莱诺拉 · 袁. 拖延心理学 [M]. 北京：中国人民大学出版社，2009.

[9] [美] 凯利 · 麦格尼格尔. 自控力 [M]. 北京：文化发展出版社，2012.

[10] [美] 约翰 · 佩里. 拖拉一点也无妨 [M]. 浙江：浙江大学出版社，2017.

[11] [美] 里奥 · 巴伯塔. 少做一点不会死 [M]. 北京：北京联合出版公司，2016.

[12] [英] 杰里米·迪安. 习惯：改变命运的关键力量 [M]. 湖南：湖南人民出版社，2014.

[13] 周士渊. 人生可以美得如此意外 [M]. 北京：清华大学出版社，2012.

[14] [奥地利] 阿尔弗雷德 · 阿德勒. 自卑与超越 [M]. 广东：汕头大学出版社，2010.

读书笔记